親鸞聖人の教え

〜その基本構造について〜

末田紘
SUEDA Hiroshi

溪水社

親鸞聖人御誕生850年のご勝縁に

品秀寺住職　柳父　正道

2023（令和5）年は、親鸞聖人御誕生（承安3年・1173年）から850年となります。品秀寺でも、ご誕生された5月21日に総代・仏教壮年会・仏教婦人会のみなさまのご協力をいただき「よろこびの集い」を開催できました。稚児行列で幼い子どもたちが建立200年を迎えた本堂に参拝し、鼓天童子の演奏と剣舞の披露があり、しめくくりは親鸞聖人を讃える仏教讃歌をみなさまと共に大合唱しました。併せて寺宝展Honsyuji Arahatで、み教えが歴史を越えて、私にまで伝わってきたことをご実感いただけたのではないでしょうか。

さて、仏弟子末田紘氏が『法話曼荼羅』に続いて、『親鸞聖人～その基本構造について～』を纏められました。求道の過程で、「親鸞聖人の歩まれた道筋を辿らねば」との想いの現れであることと思います。

私たちが普段から親しんでいる『正信偈』も、前半が「依経段」として『仏説無量寿経』の要点、後半が「依釈段」として七高僧の教え伝承の要点が綴られていることからも、親鸞聖人のみ教えは、確かな構造によって明示されていることがわかります。

ですから、教えの構造については、多くの遺弟によって明らかにされています。近年でも『構築された仏教思想　親鸞救済原理としての絶対他力』釈徹宗、佼成出版社『親鸞教学の特色と展開』梯實圓、法蔵館　等があるように親鸞聖人の「私が仏になる仏教」から「仏（阿弥陀如来）によって私が救われる仏教」への大展開の骨格は、すでに明らかにされ続けてきたとも感じられるのです。

しかし、梯實圓師は『教行信証の宗教構造　真宗教義学体系』法蔵館　序文に、「真に人間を超えた不可思議なるものに触れた人は、自己のはからいを打ち砕かれながら、逆に限りなく思索を促され続けるものである。如来とは完全に思慮《しりょ》分別《ふんべつ》（虚妄分別《こもうふんべつ》）を超えた不可称・不可説・不可思議なるものに名づけた名であるが、それは不可称なるがゆえに無限に称讃し続けられるものであり、不可説なるがゆえに、無限に説き続けられるものであり、不可思議なるがゆえに、無限の思議を信心の行者に促すものであった。不可思議なるものを思議し続ける勝れた教義書には著者の思いをも超えた真実が宿るものである。それゆえに個人を超えた普遍性と、歴史を超えた永遠性を獲得するのである。しかしそのような教義書には完成はないといえるかも知れない。親鸞聖人が五十歳代の初めに書き始められた『教行証文類』を、二十数年の歳月を費やして校正を重ねて一往完成されるが、さらに八十歳を過ぎてもなお加筆し続けられたのはその故であろう。」と記されています。

末田紘氏は、あとがきに「万人のための親鸞聖人の教えの啓発書であることを密かに願っています」と記されています。本書がすでに単なる解説書ではなく、如来の大いなる（不可思議の）働きの具現となっていることは顕かです。有縁の方々が一人でも多く、本書を手にされることを願っております。

南無阿弥陀仏

はじめに

親鸞聖人の著書並びにその関連書籍を読み進んでいくと、聖人の教えの根幹がぼんやりした姿から次第に明確に浮かび上がってきます。聖人の教えを一言でいえば複雑で難解に思われる教えが極めて論理的で説得力のある構造から成り立っているということです。今日、浄土真宗はわが国において、多くの仏教宗派の中でもとりわけ多数の人たちに受け入れられ、支えられている主要宗派として発展してきていますが、論理的な明確さが、その理由の一つといっても過言ではないと思います。どこが論理的なのか、本書を読んで頂ければお判りいただけると思いますが、数多くのパーツを組み立てて優れた完成品を精密に作り上げる過程に類似しているといえるでしょうか。喩えていえば、優れた宮大工は釘一本使わずにどんな風雪にも耐えうる寺社を完成させるといわれますが、そのような、ある種の芸術作品を生み出すような、完成度の極めて高い作品が作り上げられる様子に類似していると考えれば判りやすいかと思います。親鸞聖人と宮大工、少し不謹慎と思われるでしょうが、自らを「愚禿親鸞《ぐとくしんらん》」といわれた聖人、この比喩を許していただけると確信します。勿論、万人に受け入れられた理由はほかにもあります。「易行《いぎょう》」といわれる信心と念仏により浄土往生が可能になるという判り易さ、阿弥陀仏にすべてをお任せするという「他力本願《たりきほんがん》」「自然法爾《じねんほうに》」という浄土真宗を貫いている本質、そして、これらを根本から支えている親鸞聖人の教えの構造、これらが一体となって揺るぎない体系が造り上げられています。

さて、本書の構成は次のようになっています。

先ず、七高僧の教え。聖人は七高僧から多大な影響を受けられました。本書では、主に各高僧の説かれた教相判釈《きょうそうはんじゃく》（仏教の教えの解釈・分類）について記述しています。次に、六三法門《ろくさんぼうもん》の体系について述べています。六三法門とは、聖人が説かれた浄土門における「真実」と「方便」（方便に二種ありますので「真実」と合わせて三種になります）の教義を六種の法門に分類し体系化した教えのことです。六種の法門とは三願、三経、三門、三蔵、三機、三往生のことです。続いて、三願連携《さんがんれんけい》、二種回向《にしゅえこう》、第十八願における「唯除五逆《ゆいじょごぎゃく》 誹謗正法《ひほうしょうぼう》」、悪人正機《あくにんしょうき》について言及しています。三願連携とは、三願転入（「三願真仮《さんがんしんけ》」ともいいます）、三願的証《さんがんてきしょう》、四法三願《しほうさんがん》のことをいいますが、これらに真実五願《しんじつごがん》を加えて論じています。

二種回向とは往相回向《おうそうえこう》と還相回向《げんそうえこう》のことです。聖人は、衆生が浄土に向かうこと（往相回向）も浄土から巡り返ること（還相回向）も阿弥陀仏の計らいによるものであると説かれています。

第十八願における「唯除五逆 誹謗正法」の解釈については、古来様々に議論があったようですが、本書では曇鸞《どんらん》と善導《ぜんどう》の見解を示した後に、聖人の説かれていることを記しています。

また、悪人正機について、歎異抄から引用する形でその意義を述べています。

そして、「『顕浄土真実教行証文類《けんじょうどしんじつきょうぎょうしょうもんるい》』を読み解く」の章では聖人の主著について、その要点をコンパクトに纏めてみました。逐語的に解釈するのではなく、書かれている意図を俯瞰的に示しています。

最後に、「『歎異抄《たんにしょう》』のはなし」として唯円が著したといわれる『歎異抄』の要旨を逐条的に書き加えました。聖人の教えを愛弟子の一人として同座して聴聞していた唯円の文面には生き生きとした臨場感と迫力が感じられます。聖人の教えの構造を知る上にも貴重な文献の一つであると思います。

さて、聖人の著書、関連文献を読み進めていますと、その教えの核心を突いた言葉に出会うことが屢々《しばしば》あります。

その一つ、『親鸞聖人御消息《しんらんしょうにんごしょうそく》』第一通に次のような記述があります。

「来迎《らいこう》は諸行往生にあり、自力の行者なるがゆゑに。臨終といふことは、諸行《しょぎょう》往生《おうじょう》のひとにいふべし、いまだ真実の信心をえざるがゆゑなり。（中略）真実信心の行人は、摂取不捨《せっしゅふしゃ》のゆゑに正定聚《しょうじょうじゅ》の位《くらい》に住す。このゆゑに臨終まつことなし、来迎たのむことなし。」

来迎とは、臨終時に阿弥陀仏が菩薩を率いて迎えに来ることをいいます。このような来迎を期する人は諸行往生・自力の行者の人であるといわれています。そして、真実信心の人は阿弥陀仏に救われて仏になることが定まっているので、臨終を待つ必要はない、来迎を頼む必要もないと断言されています。この言葉は、信心を得たときに浄土往生が定まる「平生業成《へいぜいごうじょう》」のことを明確に示されているのです。『親鸞聖人御消息』のこの部分は第十八願（至心信楽の願）によって浄土往生が定まれば、第十一願（必至滅度の願）によって必ず滅度《めつど》（涅槃《ねはん》、彼岸、悟りの世界）に至り、滅度に至れば、第二十二願（必至補処《ひっしふしょ》の願《がん》）によって必ず菩薩の補処の位（菩薩の最高位）に至る道筋が示されています。この三願は「三《さん》願的証《がんてきしょう》」といわれ、衆生の往生成仏の因果の観点からいえば、四十八願はこの三願に帰結するといわれています。

聖人の言葉の一つ一つは概ね相互に関連し合い影響し合って壮大な体系が形成されています。

フランスの哲学者・文化人類学者　レヴィストロース（1908〜2009）はアマゾンの原住民族調査を深く考察して構造主義の思想を確立しました。その主張を簡明に表現すれば、「人間の社会的文化的現象の背後には目に見えない構造が存在する」ということです。

聖人の教えの全体系を具《つぶさ》に解き明かすことは相当困難なことかもしれませんが、その背後にある構造を明示することは可能だと思います。本書はその方法論の一つであると位置づけられます。

本書が聖人の教えの理解、浄土真宗の教えの理解に多少とも役立つならば幸いに思います。

なお、巻末に掲載している「親鸞聖人の教えの基本構造〜総括図〜」を適宜参照しながら読み進めていただくと本書をより体系的に理解していただけると思います。

凡例

(1)本書では原則として親鸞聖人以外は尊称を省略しました。

(2)引用文献の略称表示

『聖典』は『浄土真宗聖典（註釈版）』のこと、

『聖典七祖』は『浄土真宗聖典 七祖篇（註釈版）』のこと

『辞典』は『浄土真宗辞典』のことです。

目次

親鸞聖人の教え～その基本構造について～

一、七高僧の教え

七高僧とは親鸞聖人が祖師として尊崇された七人の高僧のことです。七人はインドの龍樹《りゅうじゅ》（150〜250）、天親《てんじん》（世親《せしん》とも、400〜480）、中国の曇鸞《どんらん》（476〜542）、道綽《どうしゃく》（562〜645）、善導《ぜんどう》（613〜681）、日本の源信《げんしん》（942〜1017）、源空《げんくう》（法然、1133〜1212）をいいます。この七人の高僧には三点の共通点があるといわれています。一つは本人が浄土《じょうど》願生者《がんしょうしゃ》（浄土に往生することを願っている者）であること、二つ目は優れた聖典を著していること、三つ目は仏の本願力による救いを強調していること、です。

龍樹は『十住毘婆沙論《じゅうじゅうびばしゃろん》』巻第五、易行品《いぎょうぼん》第九の中で、次のように述べています。

「仏法に無量の門あり。世間の道《どう》に難あり易あり。陸道《ろくどう》の歩行《ぶぎょう》はすなはち苦しく、水道《すいどう》の乗船はすなはち楽しきがごとし。菩薩《ぼさつ》の道《どう》もまたかくのごとし。あるいは勤行精進《ごんぎょうしょうじん》のものあり、あるいは信方便易行《しんほうべんいぎょう》をもつて疾《と》く阿唯越致《あゆいおっち》に至るものあり。」（『聖典七祖』p5〜6）

また、「もし人疾《と》く不退転地《ふたいてんじ》に至らんと欲せば、恭敬心《くぎょうしん》をもつて、執持《しゅうじ》して名号《みょうごう》を称すべし。」（同上p6）そして、弥陀章に

「阿弥陀仏の本願はかくのごとし、「もし人われを念じ名を称してみづから帰すれば、すなはち必定《ひつじょう》に入りて阿耨多羅三藐三菩提《あのくたらさんみゃくさんぼだい》を得《う》」と。このゆゑにつねに憶念すべし。」（同上p15）

「人よくこの仏の無量力威徳《むりょうりきいとく》を念ずれば、即時に必定《ひつじょう》に入る。」（同上p16）

とあります。

これらを総合的に要約すれば、次のようになります。

「仏法には様々な法門がある。陸道と水道を比べてみると、前者は難道、後者は易道。菩薩道もまた似ていて、諸行精進しなければいけない難道あり、また、信心を方便とした念仏道（易道）がある。もし直ちに浄土往生したいと思うならば、信心してしっかりと称名念仏するとよい。もし阿弥陀仏の名号を称すれば必ず悟りを開いて仏になる。」

ここでは、「難易二道判《なんいにどうはん》」のうち、易道である仏の本願を信じて称名念仏すれば、必ず仏になることができる、という信心正因の他力本願の教えが説かれています。

「信方便易行《しんほうべんいぎょう》」とは「信心を方便とする易行、即ち、称名念仏」のことであり、「阿唯越致《あゆいおっち》」とは「悟りを開いて仏になる地位を得るとその地位を失うことがない（不退転）」という意味で、「阿毘跋致《あびばっち》」ともいいます。また、「不退転地《ふたいてんじ》」とは「悟りを開いて得られる仏の地位」のこと、「必定《ひつじょう》に入る」とは「必ず仏になると定まった位に入る」こと、「阿耨多羅三藐三菩提《あのくたらさんみゃくさんぼだい》」とは「この上ない悟り」を意味します。

　天親は『無量寿経優婆提舎願生偈《むりょうじゅきょううばだいしゃがんしょうげ》』（『浄土論』とも『往生論』ともいう）を著していますが、この中で、天親自身の阿弥陀仏への帰依と浄土願生の思いが綴られています。

　本書の総説分の最初に

「われ一心に尽十方無碍光如来《じんじっぽうむげこうにょらい》に帰命《きみょう》したてまつりて、安楽国《あんらくこく》に生ぜんと願ず」（われ、阿弥陀仏に帰依し、浄土（安楽国）に生まれんと願う）と述べています。

（同上p29）

「尽十方無碍光如来《じんじっぽうむげこうにょらい》」は「阿弥陀如来」のことです。

　次いで解義分《げぎぶん》の中で、「あまねくもろもろの衆生《しゅじょう》とともに安楽国に往生せん」

と述べ、往生浄土の行《ぎょう》として五念門《ごねんもん》、つまり、礼拝《らいはい》（仏を礼拝すること）、讃嘆《さんだん》（仏を讃嘆すること）、作願《さがん》（浄土往生を願うこと）、観察《かんざつ》（仏・浄土を観察すること）、回向《えこう》（自己の功徳を衆生に振り向けて共に浄土往生を願うこと）が示され、更に五念門の果徳として五種の功徳が成就されると説かれています。（同上p32、p41）

この書は曇鸞によって具《つぶさ》に注釈され『無量寿経優婆提舎願生偈註《むりょうじゅきょううばだいしゃがんしょうげちゅう》』（『浄土論註』とも『往生論註』とも『論註』ともいう）として纏められています。

ここで、曇鸞の『無量寿経優婆提舎願生偈註《むりょうじゅきょううばだいしゃがんしょうげちゅう》』について記述します。

本書を概観すると、衆生の浄土往生は阿弥陀仏の本願によって成就せしめられるという他力本願の法義が示されていることが明らかになります。

巻下において「三願的証」（詳細は後述します）を説いた後、巻下《かんげ》解義分《げぎぶん》総結釈《そうけつしゃく》自力他力の項で、諸行往生、つまり、自ら諸善万行を積んで浄土に往生しようとする自力と浄土往生は仏の本願力によって成就するという他力について示されています。この判釈を「自力他力判」といいます。（同上p157）

次に道綽の『安楽集《あんらくしゅう》』を概観してみます。

『安楽集』には『観経《かんぎょう》』の要義が示されていますが、その巻上第一大門において次のような一文があります。

「それ衆生《しゅじょう》ありて心を繋《か》けて称念すれば、障《さわり》を除き益《やく》を獲て、みな仏前に生ぜざるはなし。すなはちこれ名号《みょうごう》をもつて衆生を度《ど》したまふ」（衆生が心から称名念仏すれば、障害を除き、利益《りやく》を得て、みな浄土に生まれることができる。すなわち、名号をもって衆生は悟りの世界に渡ることができる。）と他力念仏の要が説かれています。そして、巻上の第三大門　輪廻無窮《りんねむぐう》　聖浄二門《しょうじょうにもん》において、聖道門《しょうどうもん》（自力諸行の法門）と浄土門《じょうどもん》（他力念仏の法門）が説かれ（「聖浄二門判」）、続いて、「当今《とうこん》は末法《まっぽう》にして、現にこれ五濁悪世《ごじょくあくせ》なり。ただ浄土の一門のみあり

て、通入《つうにゅう》すべき路《みち》なり」と、聖道門を捨てて、浄土門に帰依すべきことを明確に示されています。（同上p241）

五濁悪世とは、この世において避けがたい5種の穢《けが》れのことで、劫濁《こうじょく》（時代の穢れ、戦争・疫病・飢饉などの社会悪のこと）、見濁《けんじょく》（思想の乱れ）、煩悩濁《ぼんのうじょく》（貪欲《とんよく》・瞋恚《しんに》・愚痴《ぐち》などの煩悩）、衆生濁《しゅじょうじょく》（衆生の資質の低下）、命濁《みょうじょく》（衆生の寿命が短くなること）のことをいいます。

また、善導の『観経疏《かんぎょうしょ》』は諸師の行ってきた『観経』の解釈を見直してこれを正しその真意を明確にしたものであり、「古今楷定《ここんかいじょう》」（諸師の解釈を正し、規範とすべき解釈を確定する意）といわれています。この中で、善導はこの『経』の教えの内容について次のように説いています。

「この『経』は二蔵のなかにはいづれの蔵の摂《しょう》なる。二教のなかにはいづれの教の収《しゅう》なる。答へていはく、いまこの『観経』は菩薩蔵《ぼさつぞう》の収《しゅう》なり。頓教《とんぎょう》の摂《しょう》なり。」（『観経』は二蔵（声聞蔵《しょうもんぞう》か菩薩蔵《ぼさつぞう》か）の中のいづれの蔵になるのか、また、二教（漸教《ぜんぎょう》か頓教《とんぎょう》か）の中のいづれの教になるのか。答えていうと、この『観経』は菩薩蔵であり、頓教である。）

「蔵」とは、仏法の教えのこと、「声聞蔵」とは、声聞・縁覚の教えを説く小乗《しょうじょう》の教えのこと、「菩薩蔵」とは菩薩の教えを説く大乗《だいじょう》の教えのこと、また、「漸教」とは長期間にわたる修行によって漸次悟りを得る教法、「頓教」とは即時に悟りに至る教法のことです。

このように、善導は『観経』の教えは「菩薩蔵」（一切の衆生を救済する自利・利他の教え）であり、「頓教」（直ちに仏果を得る教え）であることを明らかにしています。（同上ｐ３０５）

なお、「摂《しょう》なる」「収《しゅう》なる」は、何れも「収まる」意です。

ここに示された教相判釈を「二蔵二教判」あるいは「頓漸《とんぜん》二教判」といいます。

次に源信（恵心僧都）の『往生要集』について触れておきます。

『往生要集』は、源信44歳の時の著作で、多くの経論釈のうち、念仏一門の極楽往生に関する要文《ようもん》を集めて説かれたものです。その巻上 序の中に次のような一文があります。

「念仏の一の門によりて、いささか経論《きょうろん》の要文《ようもん》を集《あつ》む。これを披《ひら》きこれを修《しゅ》するに、覚《さと》りやすく行《ぎょう》じやすし。」（同上p797）（（この書は）念仏一門の経論の要になる文を集めたものである。この文を開き、修めることで悟りを得やすく、修行も行いやすい。）

この書は我が国における浄土教に関する最初の総合的な経義書であると高く評価されています。

高僧の最後、源空（法然）の著作『選択本願念仏集《せんじゃくほんがんねんぶつしゅう》』について考えてみます。

この書は、専修念仏《せんじゅねんぶつ》を標榜した浄土宗 立教開宗宣言の書であるといわれます。

冒頭に「南無阿弥陀仏《なもあみだぶつ》往生《おうじょう》之《し》業《ごう》念仏《ねんぶつ》為《い》先《せん》」（南無阿弥陀仏《なもあみだぶつ》　往生《おうじょう》の業《ごう》には、念仏《ねんぶつ》を先《せん》となす）と宣言されています。意訳すれば、「南無阿弥陀仏、浄土往生の行業《ぎょうごう》（仏道の修行）には、念仏が根本肝要である」と、称名念仏こそ選択《せんじゃく》すべき枢要《すうよう》な行業《ぎょうごう》であると述べられています。

これに続いて、「道綽禅師、聖道・浄土の二門を立てて、聖道を捨ててまさしく浄土に帰する文」と述べ、当今は末法の世、五濁悪世《ごじょくあくせ》の中、ただ、浄土門こそ通入《つうにゅう》すべき路《みち》である、と説かれています。（同上ｐ１１８３～１１８４）

五濁悪世については上述（ｐ９）の通りです。

また、難易二道《なんいにどう》と聖浄二門《しょうじょうにもん》の関係について、「難行道《なんぎょうどう》は、すなはちこれ聖《しょう》道門《どうもん》なり。易行道《いぎょうどう》は、すなはちこれ浄土門《じょうどもん》なり。難行《なんぎょう》・易行《いぎょう》、聖道《しょうどう》・浄《じょう》土《ど》、その言《ことば》異《こと》なりといへども、その意《こころ》これ同じ」と、断定されています。（同上ｐ１１８９）

そして、総結　後述　三選之文《さんせんのもん》の中に次のような注目すべき文言があります。

「はかりみれば、それすみやかに生死《しょうじ》を離《はな》れんと欲《おも》はば、二種《にしゅ》の勝法《しょうぼう》のなかに、しばらく聖道門《しょうどうもん》を閣《さしお》きて選びて浄土門《じょうどもん》に入《い》るべし。浄土門《じょうどもん》に入《い》らんと欲《おも》はば、正雑二行《しょうぞうにぎょう》のなかに、しばらくもろもろの雑行《ぞうぎょう》を抛《なげす》てて選《えら》びて正行《しょうぎょう》に帰《き》すべし。正行《しょうぎょう》を修《しゅ》せんと欲《おも》はば正助二業《しょうじょにごう》のなかに、なほ助業《じょごう》を傍《かたわ》らにして選《えら》びて正定《しょうじょう》をもっぱらにすべし。正定《しょうじょう》の業《ごう》とは、すなはちこれ仏名《ぶつみょう》を称《しょう》するなり。名《みな》を称《しょう》すれば、かならず生《しょう》ずることを得《う》。仏《ぶつ》の本願《ほんがん》によるがゆゑなり。」

（同上p１２８５）

これを解釈すれば、「往生成仏《おうじょうじょうぶつ》を願うならば、聖道門と浄土門のうち、聖道門を閣《さしお》いて、浄土門を選び、浄土門に入りたいと思うならば、正雑二行《しょうぞうにぎょう》のうち、もろもろの雑行《ぞうぎょう》を抛《なげす》てて正行《しょうぎょう》を選び、正行を修めようと思うならば、正助二業《しょうじょにごう》のうち、助業《じょごう》を傍《かたわ》らにして専ら正定《しょうじょう》を選ぶべし。正定《しょうじょう》の業《ごう》とは称名念仏することであり、称名念仏すれば、必ず浄土往生がかなう。それが仏の本願であるからである。」

これを「三選《さんせん》の文《もん》」といいます。聖道門を閣《さしお》いて浄《じょう》土門《どもん》を選びとる第一選、雑行を抛《なげす》てて正行《しょうぎょう》を選びとる第二選、助業を傍らにして正定業《しょうじょうごう》を選びとる第三選を意味します。

正定業とは、「正《まさ》しく衆生《しゅじょう》の往生《おうじょう》が決定《けつじょう》する行業《ぎょうごう》」の意で、「称名念仏」のことです。

親鸞聖人は『顕浄土真実教行証文類』行巻にこの三選の文を略原文のまま引用されています。（『聖典』ｐ１８５～１８６）

なお、正雑二行《しょうぞうにぎょう》、正助二行《しょうじょにぎょう》について解説しておきます。

善導は『観経疏』散善義《さんぜんぎ》の中で、「行《ぎょう》に二種あり。一には正行《しょうぎょう》、二には雑行《ぞうぎょう》なり。正行《しょうぎょう》といふは、もっぱら往生経《おうじょうきょう》の行《ぎょう》によりて行《ぎょう》ずるは、これを正行《しょうぎょう》と名づく。何者かこれなるや。一心にもっぱらこの『観経《かんぎょう》』・『弥陀経《みだきょう》』・『無量寿経《むりょうじゅきょう》』等を読誦《どくじゅ》し、一心に専注《せんちゅう》してかの国の二報荘厳《にほうしょうごん》を思想《しそう》し観察《かんざつ》し憶念《おくねん》し、もし礼《らい》するにはすなはち一心にもっぱらかの仏を礼《らい》し、もし口《くち》に称《しょう》するにはすなはち一心にもつぱらかの仏を称し、もし讃嘆供養《さんだんくよう》するにはすなはち一心にもつぱら讃嘆供養《さんだんくよう》す、これを名づけて正《しょう》となす。またこの正《しょう》のなかにつきてまた二種あり。一には一心にもつぱら弥陀の名号《みょうごう》を念じて、行住座臥《ぎょうじゅうざが》に時節の久近《くごん》を問はず念々に捨てざるは、これを正定《しょうじょう》の業《ごう》と名づく。かの仏の願に順ずるがゆゑなり。もし礼誦《らいじゅ》等によるをすなはち名づけて助業《じょごう》となす。この正《しょう》助二行《じょにぎょう》を除きて以外《いげ》の自余《じよ》の諸善はことごとく雑行《ぞうぎょう》と名づく。」（『聖典七祖』p463〜464）

これを要言すると、「行《ぎょう》には正行《しょうぎょう》と雑行《ぞうぎょう》の二種がある。正行《しょうぎょう》とは読誦《どくじゅ》（経典を音読すること）、観察《かんざつ》（仏を心に思い浮かべること）、礼拝《らいはい》（仏を拝むこと）、称名《しょうみょう》（仏の名号を口に称えること）、讃嘆供養《さんだんくよう》（仏徳を称え衣食・香華をささげて供養すること）の五正行《ごしょうぎょう》であり、正行《しょうぎょう》の中に正定業《しょうじょうごう》（称名）と助業《じょごう》（読誦《どくじゅ》・観察《かんざつ》・礼拝《らいはい》・讃嘆供養《さんだんくよう》）の二種がある。そして、正定業と助業を除く自余《じよ》の諸善《しょぜん》（行《ぎょう》）はすべて雑行《ぞうぎょう》という」と強調されています。

これを受けて法然は『選択本願念仏集』二行章の中で「行に二種あり」以下、同文を引用されています。（同上p1191〜1192）

また、親鸞聖人も『顕浄土真実教行証文類』信巻に正雑二行《しょうぞうにぎょう》・正助二行《しょうじょにぎょう》についても同様の解釈をされています（『聖典』p220〜221）

※五正行《ごしょうぎょう》について（補足）

五正行は、読誦正行（浄土三部経を読誦すること）、観察正行（阿弥陀仏と浄土の相《すがた》を観察すること）、礼拝正行（阿弥陀仏を礼拝すること）、称名正行（阿弥陀仏の名号を称えること）、讃嘆供養正行（阿弥陀仏の功徳を讃嘆して供物《くもつ》・供養《くよう》すること）の五正行をいいます。五正行は正定業《しょうじょうごう》である「称名正行」と助業《じょごう》である「読誦正行」「観察正行」「礼拝正行」「讃嘆供養正行」（前三後一）から成っています。「五正行」は諸行《しょぎょう》（雑行《ぞうぎょう》・万行《まんぎょう》ともいいます）に比べると極めて限定的です。「五正行」以外の行は悉《ことごと》く諸行なのですから。

七高僧により撰述された諸聖典を完璧に読み込み、継承し、七高僧から相続された教相判釈《きょうそうはんじゃく》（龍樹の難易二道判、曇鸞の自力他力判、道綽の聖浄二門判、善導の二蔵二教判　のうち、聖人は七高僧の教えに導かれて易行道・他力念仏・浄土門・菩薩蔵・頓教を選び取られた）を基盤として聖人自らも二双四重判《にそうしじゅうはん》を創出し浄土真宗の法義を明らかにされています。

以上、七高僧の教えを主として教相判釈の側面から述べてきましたが、親鸞聖人自身が体系化された「二双四重判《にそうしじゅうはん》」について下記しておきます。

「二双四重判」は聖人の著書『教行信証』信巻（『聖典』ｐ２４６、ｐ２５４）、化身土巻（同上ｐ３９４〜３９５）『愚禿鈔』（同上ｐ５０１以下）等に具《つぶさ》に示されています。

これらを判りやすく解釈すると次のように纏められます。

「二双《にそう》」とは「横《おう》・竪《しゅ》」と「超《ちょう》・出《しゅつ》」のことで、「四重《しじゅう》」とは、これらを組み合わせた「横超《おうちょう》・横出《おうしゅつ》・竪超《しゅちょう》・竪出《しゅしゅつ》」のことです。また、「横《おう》」とは「横に行く道、海路、易行道」の意であり、「竪《しゅ》」は「竪に登る道、陸路、難行道」を意味します。そして、「超《ちょう》」は「飛び越えること、頓教《とんぎょう》」のことであり、「出《しゅつ》」は「漸教《ぜんぎょう》」のことです。つまり、「横超」は他力頓教の教え（弘願他力の真実教、他力念仏の浄土門）、「横出」は他力漸教の教え（真門・要門の方便教、他力によりながら自力心の残っている浄土門）、「竪超」は自力頓教の教え（一念頓悟の聖道門）、「竪出」は自力漸教の教え（自力諸行の聖道門）を意味します。これによると、浄土系宗派（浄土真宗、浄土宗、時宗、融通念仏宗）は「横超」「横出」に当たり、華厳、天台、真言、禅等の各宗は「竪超」に分類され、法相宗、小乗の教法等は「竪出」に相当します。

このような教えを背景とした教義上の到達点が〝自然法爾《じねんほうに》〟（自ずから然らしむ、法則（阿弥陀仏の本願力による救いが自然《じねん》であること）として爾《しか》らしむ）であったと理解されるのです。（自然法爾：『親鸞聖人御消息』第十四通、『末灯鈔』第五通

（『聖典』ｐ７６８）、『正像末和讃』（『聖典』ｐ６２１～６２２））

つまり、他力本願による衆生の救済が人間の計らいによるものではなく、阿弥陀仏の名号の自ずからなる働きによって成就するという究極の思想が示されているのです。

この思想は『正像末和讃』の中で示された「他力には義なきを義とす」（他力とは計らいなきを本義とする）、『歎異抄』第十条に述べられている「念仏には無義をもつて義とす」（他力）念仏は（人による）計らいの無いことが本義である）の中にも明確に説かれています。（『聖典』ｐ６２１、ｐ８３７）

二、六三法門《ろくさんぼうもん》の体系について

六三法門《ろくさんぼうもん》とは余り聞きなれない言葉かもしれません。

この言葉は、親鸞聖人の教義体系を一括して表わしたもので、概ね次のように理解できます。

即ち、浄土門における真実（弘願《ぐがん》）と方便（仮門《けもん》）の教えを、十八願（至心信楽《ししんしんぎょう》の願）・十九願（至心発願《ししんほつがん》の願）・二十願（至心回向《ししんえこう》の願）の三願を基本教義として『仏説無量寿経《ぶっせつむりょうじゅきょう》』（大経《だいきょう》）・『仏説観無量寿経《ぶっせつかんむりょうじゅきょう》』（観経《かんぎょう》）・『仏説阿弥陀経《ぶっせつあみだきょう》』（小経《しょうきょう》）の三経、弘願《ぐがん》・要門《ようもん》・真門《しんもん》の三門、福智蔵《ふくちぞう》・福徳蔵《ふくとくぞう》・功徳蔵《くどくぞう》の三蔵、正定聚《しょうじょうじゅ》・邪定聚《じゃじょうじゅ》・不定聚《ふじょうじゅ》の三機《さんき》、難思議往生《なんじぎおうじょう》・双樹林下往生《そうじゅりんげおうじょう》・難思往《なんじおう》生《じょう》の三往生《さんおうじょう》の六種の法門《ほうもん》に体系化《たいけいか》されたものです。

親鸞聖人の教えの基本体系（基本構造、基本概念）は、概ね、この六三法門の中に凝縮されています。六三法門の中に展開されている内容は夫々《それぞれ》重要な意味を持っていますが、ここでは、取り敢えず、三経・三願・三門について触れてみましょう。これらは相互に強く関係し合っています。大経・第十八願・弘願、観経・第十九願・要門、小経・第二十願・真門、の夫々の塊（房）が衆生（凡愚）の求道への歴程を示しています。つまり、要門（第十九願）、真門（第二十願）を経て弘願（第十八願）に至る。これを三願転入《さんがんてんにゅう》または、三願真仮《さんがんしんけ》といいます。聖人自身がその道程を歩まれたといわれます。

三願（第十八願・第十九願・第二十願）

三願転入（三願真仮）についてもう少し詳しく考えてみます。

第十九願（至心発願《ししんほつがん》の願・来迎引接《らいこういんじょう》の願）では自力諸行往生、要門の教えが説かれています。第十九願願文は次のように記されています。

「設《せつ》我《が》得仏《とくぶつ》・十方衆生《じっぽうしゅじょう》・発菩提心《ほつぼだいしん》・修諸功徳《しゅしょくどく》・至心発願《ししんほつがん》・欲生我国《よくしょうがこく》・臨寿終《りんじゅじゅう》時《じ》・仮令不與《けりょうふよ》・大衆囲繞《だいしゅいにょう》・現其人前者《げんごにんぜんしゃ》・不取正覚《ふしゅしょうがく》」（たとひわれ仏を得たらんに、十方の衆生、菩提心を発《おこ》し、もろもろの功徳を修《しゅ》して、至心発願してわが国に生ぜんと欲せん。寿《いのち》終るときに臨んで、たとひ大衆《だいしゅ》と囲繞《いにょう》してその人の前に現ぜずは、正覚《しょうがく》を取らじ。）

※大衆：出家修行者の集まり、聖者《しょうじゃ》。　囲繞：取り囲むこと

（我、仏になるとき、十方の衆生が菩提心（悟りの心）を起して、功徳を積み、至心発願《ししんほつがん》して浄土往生を願うなら臨終時、我多くの聖者《しょうじゃ》と共にその人の前に現れましょう。そうでなければ悟りを開きません。）

この願文における「もろもろの功徳を修して」（「功徳を積み」）とは、「自力諸行を積み」の意であり、また、「寿終るときに臨んで（臨終時）聖者が現れる」

とは「来迎引接《らいこういんじょう》（臨終時に阿弥陀仏が聖者を率いて迎えにくること）」「臨終業成《りんじゅうごうじょう》（臨終時に浄土往生すること）」の意で、この十九願では「自力諸行を積んで臨終時に往生する」と説かれています。つまり、自力諸行往生の道が説かれているのです。これは、『観経』における顕説《けんぜつ》に当たります。顕説とは「顕著に説かれている教義、表面上の教義」の意で、これに対し、「隠微《いんび》に説かれている教義、裏に隠された教義」のことを隠彰《おんしょう》といいます。

次に、第二十願（至心回向《ししんえこう》の願・果遂《かすい》の願）では自力念仏往生、真門《しんもん》の教えが説かれています。第二十願願文は下記の通りです。

「設我得仏《せつがとくぶつ》・十方衆生《じっぽうしゅじょう》・聞我名号《もんがみょうごう》・係念我国《けねんがこく》・植諸徳本《じきしょとくほん》・至心回向《ししんえこう》・欲生我国《よくしょうがこく》・不果遂者《ふかすいしゃ》・不取正覚《ふしゅしょうがく》」（たとひわれ仏を得たらんに、十方の衆生、わが名号を聞きて、念《おもい》をわが国に係《か》け、もろもろの徳本《とくほん》を植《う》ゑて、至心回向《ししんえこう》してわが国に生ぜんと欲せん。果遂《かすい》せずは、正覚を取らじ。）

※徳本を植ゑて：名号を称《とな》えること

（我、仏になるとき、十方の衆生が我が名を聞いて、浄土に思いを寄せ、名号を称えて、至心回向して浄土に生まれたいと願うならば、その願いを果たし遂げさせましょう。そうでなければ悟りを開きません。）

この願文における「徳本《とくほん》を植《う》ゑて（名号を称《とな》えて）」とは、「自力念仏によって」の意であり、「果遂《かすい》」とは衆生の方便仮土《ほうべんけど》への往生、または、弘願他力への転入を果たし遂げさせる意です。

つまり、第二十願では「自力念仏による方便仮土への往生、または、弘願他力への転入を果たし遂げさせること」が誓われているのです。これは、『小経』における顕説に当たります。

そして、第十八願（至心信楽の願、念仏往生の願）で他力念仏往生、弘願の教えが説かれています。

第十八願の願文は次の通りです。

「設我得仏《せつがとくぶつ》・十方衆生《じっぽうしゅじょう》・至心信楽《ししんしんぎょう》・欲生我国《よくしょうがこく》・乃至十念《ないしじゅうねん》・若不生者《にゃくふしょうじゃ》・不《ふ》取正覚《しゅしょうがく》・唯除五逆《ゆいじょごぎゃく》・誹謗正法《ひほうしょうぼう》」（たとひわれ仏を得たらんに、十方《じっぽう》の衆生《しゅじょう》、至心信楽《ししんしんぎょう》して、わが国に生ぜんと欲《おも》ひて、乃至十念《ないしじゅうねん》せん。もし生ぜずは、正《しょう》覚《がく》を取らじ。ただ五逆《ごぎゃく》と誹謗正法《ひほうしょうぼう》とをば除く。）

（我、仏になるとき、十方の衆生が至心信楽して（心から信じて）浄土に生まれたいと願い、乃至十念して、もし浄土に生まれないならば、悟りを開きません。但し、五逆の罪を犯したり、仏法を誹謗するものは除きます。）

ここで、「我」とは、悟りを開いて阿弥陀仏となる前の「法蔵菩薩《ほうぞうぼさつ》」のことです。この願文は、本願といわれ、衆生を救済する根本の願であり、四十八願の中で最も重視される他力念仏往生の中心概念であり、『大経』における基本の教えでもあります。

ここで「三心《さんしん》」について触れておきます。

「三心」とは、『大経』第十八願に示された「至心《ししん》、信楽《しんぎょう》、欲生《よくしょう》」のことをいいます。「至心」は「阿弥陀仏の衆生を救済せんとする真実の心」、「信楽」は「阿弥陀仏の本願を聞いて疑わない心。他力信心の心」のことです。また、「欲生」は「衆生の必ず浄土に往生できると思う心」です。これらの三心は「信楽」の一心の内に収まるといわれています。つまり、阿弥陀仏の真実の心も、衆生の必ず浄土に往生できると思う心も、他力信心の心の中に同化統合されるということです。

『観経』にも「三心」が説かれています。『観経』における「三心」とは「至《し》誠心《じょうしん》、深心《じんしん》、回向発願心《えこうほつがんしん》」のことです。（『聖典』p108）

「至誠心」とは、真実心のこと（「至とは真なり、誠とは実なり」（『観経疏』散善義、善導、『聖典七祖』p455））、また、「深心」とは、深く信じる心のことです。そして、「回向発願心」とは、自己の善根《ぜんごん》（諸善を生み出す根本。不貪《ふどん》・不瞋《ふじん》・不痴《ふち》のこと）を振り向けて浄土へ往生したいと願う心のことです。ここで留意すべきは、『観経』の三心は顕説《けんぜつ》には、自力の三心（諸善万行《しょぜんまんぎょう》を修《おさ》めて往生を願う心）の義がありますが、隠彰《おんしょう》には他力の三心であり、『大経』第十八願の三心と同じという点です。すなわち、隠彰の義では、「至誠心」は「至心」と、「深心」は「信楽」と、「回向発願心」は「欲生」と同義であると解釈されます。（『聖典』p1489）

三経《さんぎょう》（『大経《だいきょう》』・『観経《かんぎょう》』・『小経《しょうきょう》』）

三経のうち、『大経』こそ浄土真宗の本経であり、他力弘願（他力本願）が説かれた中心的な真実の教えであると断言できるでしょう。では、他の二経はどのように関連してくるのか。そこで鍵を握るのが先程触れた〝顕説隠彰《けんぜつおんしょう》（隠顕《おんけん》）〟の考え方です。『観経』は顕説《けんぜつ》上では自力諸行の教えであるが隠彰《おんしょう》には他力念仏の教えであり、また、『小経』は顕説上では自力念仏の教えであるが隠彰には他力念仏の教えであると理解できます。

この部分をもう少し深く考えてみます。

『観経』（畺良耶舎《きょうりょうやしゃ》訳）は釈尊在世当時、王舎城で起きた事件をベースとして説かれています。簡単に経緯を述べてみます。

悪友《あくう》の提婆達多《だいばだった》に唆《そそのか》された阿闍世《あじゃせ》太子が父王頻婆娑羅《びんばしゃら》を幽閉し、また、幽閉された王に食事を持参した母韋提希夫人《いだいけぶにん》も宮殿の奥に幽閉しました。夫人は耆闍崛山《ぎしゃくっせん》に滞在していた釈尊を心に念じ、説法を請うて弟子の派遣を求めましたが、釈尊自ら韋提希夫人の前に現れました。夫人は濁世《じょくせ》の世の中を憂え、苦悩の無い世界、阿弥陀仏の極楽浄土を願いました。そのために浄土に往生するための観法《かんぼう》（心に法・真理を観察する実践修行）について説法を求めました。

これに応じて、正宗分《しょうしゅうぶん》では、定善《じょうぜん》（心を一つに集中して仏・浄土を観察《かんざつ》する行《ぎょう》）十三観（日想観《にっそうかん》・水想観《すいそうかん》・地想観《じそうかん》・宝樹観《ほうじゅかん》・宝池観《ほうちかん》・宝楼観《ほうろうかん》・華座観《けざかん》・像観《ぞうかん》・真身観《しんしんかん》・観音観《かんのんかん》・勢至観《せいしかん》・普観《ふかん》・雑想観《ざつそうかん》の各観）が説かれます。このうち華座観《けざかん》が説かれる前に、「苦悩を除く法を説こう」という釈尊の声に応じて阿弥陀仏が空中《くうちゅう》に住立《じゅうりゅう》されます。

次に、散善《さんぜん》（心を統一しない散心《さんしん》のままで修する善）三観（上輩観《じょうはいかん》・中輩《ちゅうはい》観《かん》・下輩観《げはいかん》の各観）が説かれ、更に散善三福《さんぜんさんぷく》（世福《せふく》・戒福《かいふく》・行福《ぎょうふく》）が九品《くぼん》に分けて説かれます。上品《じょうぼん》（上生《じょうしょう》・中生《ちゅうしょう》・下生《げしょう》）には行福（菩提心を興し経典を読誦して衆生に仏道を勧めること）、中品の上生と中生には戒福（三宝《さんぼう》（仏・法・僧）に帰依し戒律を保ち威儀を正すこと）、中品下生には世福（世俗の善。父母に孝行、長幼の序を守り、慈悲心を保つこと）が説かれます。下品には三福を修《しゅ》し得ない悪人のために念仏の法が説かれます。

そして、最後に、流通分《るずうぶん》で念仏一行が阿難に付属されます。（仏、阿難に告げたまはく、「なんぢ、よくこの語を持《たも》て。この語を持てといふは、すなはちこれ無量寿仏の名《みな》を持《たも》てとなり」と。（『聖典』ｐ１１７））

ここで、親鸞聖人は、釈尊の本意は定散二善の法（即ち、定善十三観、散善三観、散善三福）は、自力諸行であり、これを退けて他力念仏の一行（無量寿仏の名《みな》を持《たも》て）を勧められたと断じ、本経には隠顕の義があると考えられました。

※定善十三観と散善三観と散善三福について（補足）

定善十三観とは心を集中して仏・浄土を観察する十三の観察行《かんざつぎょう》のことです。

日想観は（西に）日が沈む姿を観じて西方浄土を観想すること、水想観は水の清澄さを観じ浄土を観想すること、地想観は浄土の大地を観想すること、宝樹観は浄土の宝樹を観想すること、宝池観は浄土の宝池を観想すること、宝楼観は浄土の宝楼閣を観想すること、華座観は阿弥陀仏の座る蓮華の台座を観想すること、像観は阿弥陀仏の形像を観想すること、真身観は阿弥陀仏の法身《ほっしん》（真如）と報身《ほうじん》（仏身）を観想すること、観音観は観音菩薩を観想すること、勢至観は勢至菩薩を観想すること、普観は浄土と仏の荘厳《しょうごん》を普《あまね》く観想すること、雑想観は仏・観音菩薩・勢至菩薩の三尊が種々変現する様を観想すること。

散善三観とは、散心のままに善を修める行のうち、上輩観・中輩観・下輩観に分けて説かれた九品《くぼん》（衆生の九つの階位のことで、衆生の生来の資質（品《ほん》）を上品・中品・下品の三品に分け、更に、各品を上生・中生・下生に分類したもの）のものの観察行のことをいいます。上三品《じょうさんぼん》（上品上生・上品中生・上品下生）を上輩、中三品《ちゅうさんぼん》（中品上生・中品中生・中品下生）を中輩、下三品《げさんぼん》（下品上生・下品中生・下品下生）を下輩と見ることができます。

散善三福とは、散心のままに善を修める行のうち、世福、戒福、行福の三種の行のことをいいます。

次に、『小経』について述べます。『小経』（鳩摩羅什《くまらじゅう》訳）は舎衛国《しゃえこく》の祇園《ぎおん》精舎《しょうじゃ》で説かれた経で、無問自説《むもんじせつ》経《きょう》とも呼ばれます。この経では、先ず、正宗分では、極楽浄土の麗しい荘厳相《しょうごんそう》と仏・聖衆《しょうじゅ》（仏・声聞《しょうもん》・縁覚《えんがく》・菩薩などの聖位にある者の意）の尊い徳が示されます。次に、この浄土には自力の善根《ぜんごん》（無貪《むどん》・無瞋《むじん》・無痴《むち》の三善根などの功徳の種のこと）では往生できず、一心に念仏することによってのみ往生が可能であると説かれます。この後、東南西北と下方上方の六方の諸仏が念仏往生の法が真実であることを誠の言葉で証明し護念（念じ護ること）している趣旨を述べられます。そして流通分の終わりに、釈尊が舎利弗《しゃりほつ》に「もろもろの衆生のために、この一切世間難信《いっさいせけんなんしん》の法を説きたまふ」と述べられます。〝難信の法〟とは、他力念仏の教えのことです。（『聖典』ｐ１２８）

※舎利弗は、釈尊十大弟子の第一。智慧第一と称された。

聖人は本経では専ら念仏して臨終来迎《りんじゅうらいこう》を願うことが説かれていることから、一心に念仏して多くの功徳を得ようとする自力念仏の教えが説かれているように思われますが、その本義は、〝難信の法〟即ち、他力念仏の教えが説かれているとして、ここに隠顕の義があると考えられました。

続いて、『大経』について考えます。『大経』（康僧鎧《こうそうがい》訳）は、浄土真宗の根本《こんぽん》所依《しょえ》の経典で、衆生を救済する阿弥陀仏の本願が説かれています。本経は王舎城の郊外（東方）にある耆闍崛山《ぎしゃくっせん》（霊鷲山《りょうじゅせん》）において大比丘《だいびく》（優れた出家者）や菩薩たちに対して、釈尊が説かれた経です。如来が世間に出現されたのは苦悩する衆生に真実の利益《りやく》を与えて救済するためでした（「如来、…世に出興《しゅっこう》するゆゑは、…群萌《ぐんもう》を拯《すく》ひ、恵むに真実の利をもつてせんと欲《おぼ》してなり。」（同上p9））

次に正宗分《しょうしゅうぶん》では、（一人の）国王が仏（世自在王仏）の説法を聞いて、この上ない仏の悟りを得て、国を棄《す》て王を損《す》てて法蔵という名の沙門《しゃもん》（出家者）となる。と、説かれます。（時に国王ありき。仏（世自在王仏《せじざいおうぶつ》）の説法を聞きて、心に悦予《えつよ》を懐《いだ》く。すなはち無上正真道《むじょうしょうしんどう》の意《こころ》を発《おこ》す。国を棄《す》て王を損《す》てて、行《ぎょう》じて沙門《しゃもん》となる。号《ごう》して法蔵《ほうぞう》といふ。）（同上p11）

※悦予：喜び
無上正真道：仏の悟りのこと、「阿耨多羅三藐三菩提《あのくたらさんみゃくさんぼだい》」ともいう

法蔵：法蔵菩薩のこと

つまり、人間である一人の国王が世自在王仏の弟子となり出家して法蔵菩薩と号するようになったと記述されています。

続いて、法蔵菩薩《ほうぞうぼさつ》が発願《ほつがん》・修行して阿弥陀仏となる仏願の経緯が説かれます。先ず「讃仏偈《さんぶつげ》」で、師である世自在王仏《せじざいおうぶつ》を讃嘆し、自らの願を述べ、諸仏土の中で清浄《しょうじょう》の行《ぎょう》を摂取し（同上ｐ11～13）四十八願を立てられます（同上ｐ15～24）。次いで、四十八願の要点を重ねて誓う「重誓偈」（同上ｐ24～26）が説かれ、更に、兆載永劫《ちょうさいえいごう》に亘る修行の様が述べられます。この願と行が成就して阿弥陀仏となって、十劫を経ているると説かれ（「成仏よりこのかた、おほよそ十劫を歴《へ》たまへり。」（同上ｐ28））、その仏徳と浄土の様子が述べられます。巻下に入ると、第十八願が成就して（「あらゆる衆生、その名号《みょうごう》を聞きて、信心歓喜《しんじんかんぎ》せんこと乃至一念せん。

至心に回向《えこう》したまへり。かの国に生れんと願ずれば、すなはち往生を得《え》、不退転に住せん。ただ五逆と正法《しょうぼう》を誹謗《ひほう》するものとをば除く」（第十八願成就文）（同上p41））、衆生は阿弥陀仏の名号を聞信《もんしん》する一念に往生が定まると説かれます。更に、浄土に往生した聖衆《しょうじゅ》の徳が広く述べられます。そして、流通分《るずうぶん》に至り、弥勒菩薩《みろくぼさつ》に語り掛ける形式で、無上功徳の名号を受持《じゅじ》せよと勧め、将来、諸経に教示された解脱の道が滅尽《めつじん》しても本経だけは留《とど》めおいて衆生を救い続けると説かれています。（「当来《とうらい》の世に経道滅尽《きょうどうめつじん》せんに、…特《こと》にこの経を留《とど》めて止住《しじゅう》することと百歳せん。…仏、経を説きたまふこと已《お》わりて、弥勒菩薩および十方より来《きた》れるもろもろの菩薩衆《ぼさつしゅ》・長老阿難、もろもろの大声聞《だいしょうもん》・一切の大衆《だいしゅ》、仏の所説を聞きたてまつりて、歓喜《かんぎ》せざるはなし。」（同上p81〜83））

ここで、隠顕《おんけん》の義から見える三経の関係について付言しておきます。これまで述べてきたように、顕説《けんぜつ》の見方からすれば、『大経』は第十八願に基づく他力念仏の法を説いた経典、『観経』は第十九願に基づく自力諸行の法を説いた経典、

『小経』は第二十願に基づく自力念仏の法を説いた経典ということができます。これを「三経差別」といいます。一方、隠彰《おんしょう》の見方からすれば、『観経』も『小経』も『大経』と同様に他力念仏を説いた経典と見ることができます。これを「三経一致」といいます。このように、三経の間に表と裏（顕説と隠彰）があると理解することが、聖人の教えを理解する一つの決め手となります。

※第十八願成就文《じょうじゅもん》について一言付言しておきます。

成就文とは『大経』（『仏説無量寿経』）巻上に立てられている仏の誓願が成就したことを示す文言のことです。特に第十八願成就文は大切な意味を持っています。

第十八願の願文に対する成就文は大経巻下の冒頭に次のように述べられています。

「諸有衆生《しょうしゅじょう》　聞其名号《もんごみょうごう》　信心歓喜《しんじんかんぎ》　乃至一念《ないしいちねん》　至心回向《ししんえこう》　願生彼国《がんしょうひこく》　即得往生《そくとくおうじょう》　住不退転《じゅうふたいてん》　唯除五逆《ゆいじょごぎゃく》　誹謗正法《ひほうしょうぼう》」

（あらゆる衆生《しゅじょう》、その名号《みょうごう》を聞きて、信心歓喜《しんじんかんぎ》せんこと乃至一念《ないしいちねん》せん。至心《ししん》に回向《えこう》したまへり。かの国に生れんと願ずれば、すなはち往生を得《え》、不退転《ふたいてん》に住《じゅう》

せん。ただ五逆と正法《しょうぼう》を誹謗《ひほう》するものとをば除く）（『聖典』ｐ41）

ここで、聖人は「至心回向」を「至心に回向したまへり」（仏が衆生のために至心に回向して下さった）と敬語で読んでおられます。仏の本願力回向を示すためにこのように読まれました。

通常の読み方では「至心に回向し」と「諸有衆生」が主語となるところです。同様に、『教行信証』信巻で「至心に回向せしめたまへり」（同上ｐ２１２）、同じく信巻で「回向したまへる」（同上ｐ２４２）と読み替えておられます。何れも、仏が主体となるように釈して記述されています。

三門（弘願《ぐがん》・要門《ようもん》・真門《しんもん》）

ここまで、三願・三経について述べてきましたが、次に、三門について考えます。三門については既に多少触れていますが、三門とは要門《ようもん》・真門《しんもん》・弘願《ぐがん》のことをいいます。

要門は浄土往生のための肝要な門の意で、第十九願と『観経《かんぎょう》』顕説《けんぜつ》に示された定散二善（定善と散善）の自力諸行往生の法門のことです。要門は他力念仏である弘願に至る道筋の最初の法門（方便門《ほうべんもん》・仮門《けもん》）となります。

真門は浄土往生のための真実の門の意で、第二十願と『小経《しょうきょう》』顕説《けんぜつ》に示された自力念仏往生の法門のことです。真門は他力念仏である弘願に至る道筋の第二の法門（方便門・仮門）を意味します。

また、弘願は広大な誓願の意で、他力念仏往生を表わす第十八願、『大経』の教えを示しています。

衆生は一般論でいえば、要門（自力諸行）、真門（自力念仏）を経て、弘願（他力念仏）に至るとされますが、聞即信《もんそくしん》（聞くことが即ち信心であり、聞の他に信はないこと）の原則、或いは、平生業成《へいぜいごうじょう》（往生は平生《へいぜい》に決定《けつじょう》する）の本義、また、信の一念による浄土往生（第十八願成就文）からいえば、要門・真門を超越して、心から信心することによって直ちに弘願に至ることも十分あり得ると考えられます。

続いて、三蔵・三機・三往生について記します。

三蔵（福智蔵《ふくちぞう》・福徳蔵《ふくとくぞう》・功徳蔵《くどくぞう》）

三蔵の「蔵」とは「仏の教え（教法）を収めた蔵」の意で、簡略にいえば、仏の教えのことです。三蔵とは、福智蔵《ふくちぞう》・福徳蔵《ふくとくぞう》・功徳蔵《くどくぞう》のことをいいます。最初の福智蔵とは『大経』に説かれている第十八願、弘願の教え、他力念仏往生の教えのことです。福徳と智慧の二荘厳《しょうごん》を円《まどか》に成就している教えのことです。（『聖典』ｐ２０１、『辞典』ｐ５６８）二荘厳とは二つの徳（福徳と智慧）を身に整えることを意味します。この二荘厳は六波羅蜜《ろっぱらみつ》、つまり、布施《ふせ》（施し）・持戒《じかい》（戒律を守ること）・忍辱《にんにく》（耐え忍ぶこと）・精進《しょうじん》（努力）・禅定《ぜんじょう》（精神を統一すること）・智慧《ちえ》（真如（存在の本性）の理を悟ること、智慧を獲得した状態を菩提・正覚という）のうち、布施から禅定までの前五波羅蜜を福徳荘厳《ふくとくしょうごん》といい、六番目の智慧波羅蜜を智慧荘厳《ちえしょうごん》といいます。

福徳蔵とは、『観経』に説かれる第十九願、要門の教えのことです。称名(念仏)等の五正行《しょうぎょう》ではなく、定散《じょうさん》二善の諸行(雑行《ぞうぎょう》)を修めて浄土往生を願う教え、自力諸行往生の教えのことです。(『聖典』p375、『辞典』p569)

また、功徳蔵とは、『小経』に説かれる第二十願、真門の教え、自力念仏往生の教えのことです。(『聖典』p399、『辞典』p149)

三機(正定聚《しょうじょうじゅ》・邪定聚《じゃじょうじゅ》・不定聚《ふじょうじゅ》)

次いで、三機について考えてみましょう。

「機」とは「法(教法)」に対する言葉で、「法」が「仏の教え」であるのに対し、教えを受ける側、つまり、法によって救われる衆生のことをいいます。

三機には、正定聚《しょうじょうじゅ》・邪定聚《じゃじょうじゅ》・不定聚《ふじょうじゅ》の三タイプの衆生がいます。

正定聚とは「悟りを開いて正《まさ》しく仏となることが定まった輩《ともがら》」の意で、大経第十八願により他力信心を得た行者（衆生）の到達する場所（浄土）が正定聚の位です。この正定聚は平生《へいぜい》の信の一念に与えられる「利益《りやく》」（現世利益《げんぜりやく》）であるとされ、これを現生《げんしょう》正定聚（此土《しど》正定聚）といいます。

これに対し、彼土《ひど》（浄土）における正定聚は、彼土正定聚といい、浄土で完全なる悟りの境地に至るといわれます（完全なる悟りの境地のことを大般涅槃《だいはつねはん》といいます）。

なお、平生の信の一念に往生が決定《けつじょう》することを平生業成《へいぜいごうじょう》といい、臨終時に往生が決定することを臨終業成《りんじゅうごうじょう》といいます。浄土真宗では平生業成を正しい道（安心論題《あんじんろんだい》の一）とし、臨終業成を異安心《いあんじん》として否定します。聖人は『御消息』第一通において「真実信心の行人《ぎょうにん》は摂取不捨のゆゑに正定聚の位に住す。このゆゑに臨終まつことなし、来迎《らいこう》たのむことなし。信心の定まるとき往生また定まるなり。」と述べておられます。（『聖典』p735）

此土正定聚（現世利益《げんぜりやく》）と彼土正定聚（当来利益《とうらいりやく》）を合わせ現当二益《げんとうにやく》といいます。

『浄土論註』巻下（曇鸞）に次のような一文があります。
「経《きょう》にのたまはく「もし人《ひと》、ただかの国土の清浄安楽《しょうじょうあんらく》なるを聞きて、剋念《こくねん》して生ぜんと願ずれば、また往生を得て、すなはち正定聚《しょうじょうじゅ》に入る」と。」（『聖典七祖』p119）

この傍線部分はそのまま解釈すれば、「剋念して（真実信心を得て）（浄土に）生まれんと願ずれば、また往生を得て、すなはち正定聚に入る」と読めますが、聖人は、「剋念して（真実信心を得て）（浄土に）生まれんと願ぜんものと、また往生を得るものとは、すなはち正定聚に入る」と読まれ、「剋念願生《こくねんがんしょう》するもの（現生正定聚《げんしょうしょうじょうじゅ》、此土正定聚《しどしょうじょうじゅ》）」と「浄土《じょうど》に往生《おうじょう》するもの（当来正定聚《とうらいしょうじょうじゅ》、彼土正定聚《ひどしょうじょうじゅ》）」の二種の正定聚（現当二益《げんとうにやく》）の意を示されました。

原文にある「経」とは「『大経』（『仏説無量寿経』）第十八願成就文」（『聖典』p41）を指します。

次に、邪定聚とは何か。これは、自力の諸行により浄土往生を願う第十九願の行者、方便門・要門の衆生のことで、悟ることのできない輩《ともがら》のことです。

また、不定聚とは自力念仏により浄土往生を願う第二十願の行者、方便門・真門の衆生のことで、悟るとも悟らないとも決定していない輩のことです。

なお、『教行信証』証巻に次のような一文があります。

「願(第十一願)成就の文、『経』(『大経』下)にのたまはく、「それ衆生ありて、かの国に生るれば、みなことごとく正定《しょうじょう》の聚《じゅ》に住す。ゆゑはいかん。かの仏国のうちにはもろもろの邪聚《じゃじゅ》および不定聚《ふじょうじゅ》なければなり」と。」(衆生が浄土に往生すればみな正定聚に住す。何故なら浄土には邪定聚も不定聚もないからである)

(『聖典』p308)


三往生(難思議往生《なんじぎおうじょう》・双樹林下往生《そうじゅりんげおうじょう》・難思往生《なんじおうじょう》)

次に、三往生について述べます。

三往生とは難思議往生《なんじぎおうじょう》、双樹林下往生《そうじゅりんげおうじょう》、難思往生《なんじおうじょう》の三種の往生のことをいいます。

最初の難思議往生は『大経』第十八願、弘願に基づく往生、他力念仏による浄土往生のことです。

また、双樹林下往生は『観経』顕説《けんぜつ》に示された第十九願、要門に基づく方便《ほうべん》化土《けど》への往生、自力諸行による往生のことです。双樹林下については少し解説が必要でしょう。釈尊がクシナガラ（インド北部）の郊外の沙羅双樹《さらそうじゅ》の間に頭北《ずほく》面西右脇《めんさいうきょう》の状態で横たわり入滅されましたが、この時季節外れの花が咲き、散華して釈尊を供養したと伝えられています。双樹林下とは沙羅双樹の下の意で、方便化土は有限の世界における入滅であることから釈尊の入滅と重ね合わせて称されたものです。

難思往生は『小経』顕説に示された第二十願、真門に基づく方便化土への往生、自力念仏による往生のことです。第十八願による難思議往生に対し、他力を疑う自力念仏、第二十願による往生であるので、議の字を除いた難思往生と称されるのです。

六三法門の教義体系を一表に纏めると「親鸞聖人の教えの基本構造」総括図の中の「六三法門」の通りとなります。（p118を参照して下さい）

三、三願連携《さんがんれんけい》について

三願連携とは、互いに関連し合う三願の因果の関係を示したものです。三願連携には、三願転入《さんがんてんにゅう》（三願真仮《さんがんしんけ》）、三願的証《さんがんてきしょう》（的取三願《てきしゅさんがん》）、四法三願《しほうさんがん》がありますが、更に四法三願に二願（第十二願・第十三願）を加えた五願の関連を示す真実五願《しんじつごがん》も含まれます。

これらのうち、三願転入については上述（p21以下）していますので、ここでは、三願的証、四法三願、そして、真実五願について記述します。

三願転入（三願真仮）とは、第十九願・第二十願・第十八願の三願の関係を説いたものでした。これに対し、三願的証とは、第十八願・第十一願・第二十二願の関係を説いたもので、衆生往生の因果を証明しています。三願的証は的取三願ともいいます。

そして、聖人の主著である『顕浄土真実教行証文類《けんじょうどしんじつきょうぎょうしょうもんるい》』の「教・行・信・証」に応じた四法三願（第十七願・第十八願・第十一願）、更に、「教・行・信・証」の各巻に真仏土巻を加えた真実五願（第十七願・第十八願・第十一願・第十二願・第十三願）が聖人の教えの根幹部分を形成しています。

三願的証について

三願的証は曇鸞が『浄土論註』において「いま的《あき》らかに三願を取りて、もつて義の意《こころ》を証せん」（『聖典七祖』p155）と述べているところから名づけられました。その意味するところは、第十八願によって往生の因である十念仏が成就され往生すれば、第十一願によって必ず滅度（涅槃）に至る正定聚《しょうじょうじゅ》の位に住せしめられ、更にこの正定聚の菩薩は第二十二願によって一生補処《いっしょうふしょ》の位（菩薩の最高位）に至らしめられる、つまり、願生者《がんしょうしゃ》は速やかに無上菩提《むじょうぼだい》（仏果、この上ない仏の悟り）を成就することができると理解できます。衆生の往生成仏の因果という観点から見れば、四十八願はこの三願（第十八願・第十一願・第二十二願）に帰すると考えられます。

ここで三願的証にかかわる各願文について解説しておきます。

第十八願（至心信楽《ししんしんぎょう》の願）は上述（p25）の通りです。

第十一願（必死滅度《ひっしめつど》の願）は下記の通り立てられています。

「設我得仏《せつがとくぶつ》・国中人天《こくちゅうにんでん》・不住定聚《ふじゅうじょうじゅ》・必死滅度者《ひっしめつどしゃ》・不取正覚《ふしゅしょうがく》」（たとひわれ仏を得たらんに、国中《こくちゅう》の人《にん》・天《でん》、定聚《じょうじゅ》に住《じゅう》し、かならず滅度《めつど》に至らずは、正覚《しょうがく》を取らじ。）

（我仏になるとき、国中《こくちゅう》の人《にん》・天《でん》の人々が正定聚《しょうじょうじゅ》に入り、必ず悟りを得ることがないならば、我、悟りを開きません。）

また、第二十二願（必死補処《ひっしふしょ》の願・還相回向《げんそうえこう》の願）は次のように立てられています。

「設我得仏《せつがとくぶつ》・他方仏土《たほうぶつど》・諸菩薩衆《しょぼさつしゅ》・来生我国《らいしょうがこく》・究竟必死《くきょうひっし》・一生補処《いっしょうふしょ》・除其《じょご》本願《ほんがん》・自在所化《じざいしょけ》・為衆生故《いしゅじょうこ》・被弘誓鎧《ひぐぜいがい》・積累得本《しゃくるいとくほん》・度脱一切《どだついっさい》・遊諸仏国《ゆうしょぶつこく》・修菩《しゅぼ》薩行《さつぎょう》・供養十方《くようじっぽう》・諸仏如来《しょぶつにょらい》・開化恒沙《かいけごうじゃ》・無量衆生《むりょうしゅじょう》・使立無上《しりゅうむじょう》・正真之道《しょうしんしどう》・超出常倫《ちょうしゅつじょうりん》・諸地之行《しょじしぎょう》・現前修習《げんぜんしゅじゅう》・普賢之徳《ふげんしとく》・若不爾者《にゃくふにしゃ》・不取正覚《ふしゅしょうがく》」（たとひわれ仏を得たらんに、他方仏土《たほうぶつど》の諸菩薩衆《しょぼさつしゅ》、わが国に来生《らいしょう》して、究竟《くきょう》してかならず一生補処《いっしょうふしょ》に至らん。その本願の自在《じざい》の所化《しょけ》、衆生《しゅじょう》のためのゆゑに、弘誓《ぐぜい》の鎧《よろい》を被《き》て、徳本《とくほん》を積累《しゃくるい》し、一切を度脱《どだつ》し、諸仏の国に遊んで、菩薩の行《ぎょう》を修《しゅ》し、十方の諸仏如来を供養《くよう》し、恒沙無量《ごうじゃむりょう》の衆生を開化《かいけ》して無上正真《むじょうしょうしん》の道《どう》を立《りゅう》せしめんをば除く。常倫《じょうりん》に超出《ちょうしゅつ》し、諸地《しょじ》の行現前《ぎょうげんぜん》し、普賢《ふげん》の徳を修習《しゅじゅう》せん。もししからずは、正覚《しょうがく》を取らじ。）

※弘誓《ぐぜい》の鎧《よろい》：衆生救済の誓願の強固なことを鎧に喩えている

※常倫：世間並みの輩《ともがら》のこと

（我仏になるとき、他の仏の国の菩薩たちがわたしの国に生れてくれば、必ず菩薩の最上の位である一生補処の位に至るでしょう。但し、願に応じて、衆生を自由自在に導くため、固い決意に身を包んで多くの功徳を積み、すべてのものを救い、諸々の仏がたの国に行って菩薩として修行し、それらすべての仏がたを供養し、ガンジス河の砂の数ほどの限りない衆生を導いて、この上ない悟りを得させることもできます。すなわち、通常の菩薩ではなく還相の菩薩として、諸地の徳をすべて備え、限りない慈悲行を実践することができるのです。そうでなければ、我悟りを開きません。）

※還相《げんそう》：往相に対する言葉で、浄土に往生した者が再び穢土《えど》に還《かえ》りきて、衆生を教化して仏道に向かわせること

四法三願について

また、四法三願について述べておきます。四法とは、教（『大経』の教え）、行（称名念仏）、信（信心）、証（悟りを得ること）のことをいいます。四法（教・行・信・証）はすべて阿弥陀仏が衆生に回向《えこう》された（振り向けられた）ものですが、教と行は第十七願（諸仏称名の願）、信は第十八願（至心信楽の願）、証は第十一願（必至滅度の願）から展開されたものと説かれています。（『聖典』p135、p141、p211、p307、p1561）

教（『大経』）について、『教行信証』教巻には「それ真実の教を顕《あらわ》さば、すなはち『大無量寿経』これなり。（中略）ここをもつて如来の本願を説きて経の宗致とす、すなはち仏の名号をもつて経の体とするなり。」と記されています（『聖典』p135）。「宗致」とは「この経に説かれた最も肝心なこと」の意で、それが、「名号」（称名念仏）であり、経の体（本質）であると説かれています。つまり、

「教」～『大経』、～「名号（称名念仏）」と繋がっています。

行（称名念仏）は、『教行信証』行巻に「この行は大悲の願（第十七願）より出でたり」（同上ｐ１４１）とあります。即ち、教と行は「称名念仏」を本質とし、それは、第十七願から展開されているということです。

信（信心）について、『教行信証』信巻には「この心《しん》すなはちこれ念仏往生の願（第十八願）より出でたり。」（同上ｐ２１１）とあり、信は第十八願からの展開であることが明示されています。

また、証（悟りを得ること）について、『教行信証』証巻には、「つつしんで真実の証を顕《あらわ》さば、すなはちこれ利他円満の妙位《みょうい》、無上涅槃《むじょうねはん》の極果《ごくか》なり。すなはちこれ必至滅度の願（第十一願）より出でたり」（同上ｐ３０７）とあり、証は第十一願の展開であることが判ります。

「利他円満の妙位」とは「他力本願により得られた優れた仏の位」の意、「無上涅槃の極果」とは「この上ない悟りの境地」の意です。

第十七願（諸仏称名の願、大悲の願）は次のような文言です。
「設《せつ》我《が》得仏《とくぶつ》・十方世界《じっぽうせかい》・無量諸仏《むりょうしょぶつ》・不悉咨嗟《ふしつししゃ》・称我名者《しょうがみょうしゃ》・不取正覚《ふしゅしょうがく》」（たとひわれ仏を得たらんに、十方世界の無量の諸仏、ことごとく咨嗟《ししゃ》して、わが名を称せずは、正覚《しょうがく》を取《と》らじ。）
（我仏になるとき、十方世界の数限りない諸仏が、ことごとく褒《ほ》め称《たた》えて我が名を称《しょう》せずば、我悟りをひらきません。）

第十一願、第十八願は上述（p48、p25）の通りです。

真実五願について

次いで、真実五願について言及しておきます。真実五願は、教・行・信・証の四法の夫々に対応する第十七願（教・行）・第十八願（信）・第十一願（証）の三願に、第十二願・第十三願の展開である真仏土を加えた真実の教え（阿弥陀仏の

御《おん》こころ）を明らかにしたものです。（『聖典』ｐ６７８、ｐ１５７０）
真実五願については「『顕浄土真実教行証文類』を読み解く」の中でも触れていますので参照して下さい。

第十二願（光明無量《こうみょうむりょう》の願）、第十三願（寿命無量《じゅみょうむりょう》の願）について解説しておきます。

第十二願の文言は下記の通りです。
「設我得仏《せつがとくぶつ》・光明有能限量《こうみょううのうげんりょう》・下至不照《げしふしょう》・百千億《ひゃくせんのく》・那由他《なゆた》・諸仏国者《しょぶつこくしゃ》・不取《ふしゅ》正覚《しょうがく》」（たとひわれ仏を得たらんに、光明《こうみょう》よく限量《げんりょう》ありて、下《しも》、百千億那由他《ひゃくせんおくなゆた》の諸仏の国を照らさざるに至らば、正覚《しょうがく》を取《と》らじ。）
（我仏になるとき、光明に限りがあって、数限りない諸仏の国々を照らさないことがあるならば、我悟りを開きません。）

第十三願は次の通りです。

「設《せつ》我《が》得《とく》仏《ぶつ》・寿命《じゅみょう》有《う》能《のう》限量《げんりょう》・下《げ》至《し》百千億《ひゃくせんのく》・那由他劫者《なゆたこうしゃ》・不取正覚《ふしゅしょうがく》」（たとひわれ仏を得たらんに、寿命《じゅみょう》よく限量《げんりょう》ありて、下《しも》、百千億那由他劫《ひゃくせんおくなゆたこう》に至らば、正覚《しょうがく》を取《と》らじ。）

（我仏になるとき、寿命に限りがあって、数限りない遠い将来に尽きることがあるならば、我悟りを開きません。）

この二願（第十二願・第十三願）について、聖人は『教行信証』真仏土巻において、次のように述べておられます。

「つつしんで真仏土《しんぶつど》を案ずれば、仏はすなはちこれ不可思議光如来《ふかしぎこうにょらい》なり、土《ど》はまたこれ無量光明土《むりょうこうみょうど》なり。しかればすなはち大悲《だいひ》の誓願《せいがん》に酬報《しゅうほう》するがゆゑに、真の報仏土《ほうぶつど》といふなり。すでにして願《がん》います、すなはち光明《こうみょう》・寿命《じゅみょう》の願（第十二・十三願）これなり。」（同上p337）

※酬報とは、「因に報いること」を意味します。

この二願は、文面上では阿弥陀仏の仏身に関する願となっていますが、聖人は、これを、阿弥陀仏の仏身と仏土の両方が光明無量・寿命無量の徳を備えることを誓われた願であると釈されたのです。

四、二種回向《にしゅえこう》について

二種回向《にしゅえこう》とは往相回向《おうそうえこう》と還相回向《げんそうえこう》のことです。往相とは往生浄土の相状、つまり、浄土の姿のことで、往相回向とは浄土に向かうことを意味します。また、還相とは還来穢国《げんらいえこく》の相状、即ち、巡り返ってくる穢土《えど》（穢れたこの世）の姿のことで、還相回向とは穢土に巡り返ってくることです。曇鸞は二種回向について、「往相回向とは自分の功徳を一切衆生に振り向けて自他ともに往生しようと願うこと、還相回向とは浄土に往生したのち再び穢土に帰り来て一切衆生を教化して自他ともに仏道に向かうことである」と述べています。（曇鸞『往生論註』、『聖典七祖』p107）親鸞聖人はこれら二種回向を本願力回向であるとし、往相回向も還相回向も阿弥陀仏が一切衆生に施す、他力本願の働きによると解釈されました。衆生は自ら計らわなくていい。ただ、他力本願を信じることによって浄土に往生し、往生した後に現世に巡り返って衆生を教化する、そこに人智による計らいは皆無であるといわれています。

『教行信証《きょうぎょうしんしょう》』行巻では次のように述べられています。

「つつしんで往相《おうそう》の回向《えこう》を案《あん》ずるに、大行《だいぎょう》あり、大信《だいしん》あり。大行《だいぎょう》とはすなはち無碍光如来《むげこうにょらい》の名《みな》を称《しょう》するなり。この行《ぎょう》はすなはちこれもろもろの善法《ぜんぼう》を摂《せっ》し、もろもろの徳本《とくほん》を具《ぐ》せり。極速円満《ごくそくえんまん》す、真如一実《しんにょいちじつ》の功徳宝海《くどくほうかい》なり。ゆゑに大行《だいぎょう》と名《な》づく。しかるにこの行《ぎょう》は大悲《だいひ》の願《がん》（第十七願）より出《い》でたり。すなはちこれ諸仏称揚《しょぶつしょうよう》の願《がん》と名《な》づく、また諸仏称名《しょぶつしょうみょう》の願《がん》と名《な》づく、また諸仏咨嗟《しょぶつししゃ》の願《がん》と名《な》づく、また往相回向《おうそうえこう》の願《がん》と名《な》づくべし、また選択称名《せんじゃくしょうみょう》の願《がん》と名《な》づくべきなり。」（『教行信証』行巻（『聖典』p１４１））

この中で、聖人は、往相回向は大行（真実行、無碍光如来《むげこうにょらい》の名《みな》を称すること）・

大信（真実信、疑心なく本願の名号を受け取ること）の結果であり、第十七願によって導かれたものである、と説かれるとともに、第十七願は、諸仏《しょぶつ》称揚《しょうよう》の願、諸仏《しょぶつ》称名《しょうみょう》の願、諸仏《しょぶつ》咨嗟《しししゃ》の願、往相回向《おうそうえこう》の願、選択称名《せんじゃくしょうみょう》の願と名付けられると、記述されています。

また、還相回向《げんそうえこう》について、『教行信証』証巻では次のように説かれています。

「還相《げんそう》の回向《えこう》といふは、すなはちこれ利他教化地《りたきょうけじ》の益《やく》なり。すなはちこれ必死《ひっし》補処《ふしょ》の願《がん》（第二十二願）より出《い》でたり。また、一生補処《いっしょうふしょ》の願《がん》と名《な》づく。また、還相回向《げんそうえこう》の願《がん》と名《な》づくべきなり。」（『教行信証』証巻（『聖典』p３１３））

還相回向とは他の衆生を救済するはたらきのことであり、第二十二願（必死補《ひっしふ》処《しょ》の願）から導かれたものである。この願は還相回向の願と名づくべきであると記述されています。

なお、『教行信証』証巻は基本的には、第十一願（必至滅度《ひっしめつど》の願）から展開されているのですが、第二十二願（必至補処の願、還相回向の願）も証巻の重要な構成要素の一つとなっています。（『聖典』ｐ３０７～３０８、ｐ３１３、ｐ１５６５）

五、第十八願における「唯除五逆誹謗正法《ゆいじょごぎゃくひほうしょうぼう》」について

第十八願には、衆生は十念の念仏によって浄土往生ができると説かれています。但し、五逆罪（殺父《せっぷ》、殺母《せつも》、殺阿羅漢《せつあらかん》（悟りに入った聖者《しょうじゃ》を殺すこと）、出仏身血《しゅつぶつしんけつ》（仏の身体を傷つけ出血させること）、破和合僧《はわごうそう》（教団の和合を破壊させること））と誹謗正法《ひほうしょうぼう》（仏法を誹謗すること）の罪を犯す者を除くと例外事項が書かれています。（『聖典』p18）

一方で、『観経《かんぎょう》』の下品下生《げぼんげしょう》には、「五逆十悪」の者も十念の念仏によって往生できると説かれています。（同上p115～116）

十悪とは10種の悪行のことで、殺生《せっしょう》（生き物を殺すこと）、偸盗《ちゅうとう》（盗み）、

邪淫《じゃいん》（よこしまで淫らなこと）、妄語《もうご》（嘘偽り）、両舌《りょうぜつ》（二枚舌）、悪口《あっく》（罵《ののし》り）、綺語《きご》（お世辞）、貪欲《とんよく》（貪《むさぼ》り）、瞋恚《しんに》（怒り）、愚痴《ぐち》（愚《おろ》かさ）のことをいいます。

さて、「唯除五逆誹謗正法」については、曇鸞の『浄土論註』の中に八番問答として論じられている箇所があります。ここで、重悪罪である「五逆罪」と「誹謗正法の罪」とについて、「誹謗正法の罪」が「五逆罪」よりも重いと示し乍《なが》ら、両者共に、浄土への願生心がないために浄土往生が叶わないのであり、もし、翻って、願生心をおこし、仏法を信受すれば、浄土往生が可能になることを示しています。つまり、願生心が起きなければ、浄土往生はできないということになります。（『聖典七祖』p92〜99）

親鸞聖人は、『教行信証《きょうぎょうしんしょう》』信巻に曇鸞の八番問答のうち二番から八番までを引用されています。（『聖典』p296以下）

その一方、『観経《かんぎょう》』で説かれている「五逆十悪」の者も（願生心の有無にかかわらず）十念の念仏によって往生できるという矛盾をどのように解釈するのか、という問題が生じてきます。これについて、善導は『観経疏《かんぎょうしょ》』において次のように示しています。

「問《と》ひていはく、四十八願《がん》のなかの（第十八願《がん》の）ごときは、ただ五逆《ごぎゃく》と誹謗《ひほう》正法《しょうぼう》とを除《のぞ》きて、往生《おうじょう》を得《え》しめず。いまこの『観経《かんぎょう》』の下品下生《げぼんげしょう》のなかには、謗法《ほうぼう》を簡《えら》びて五逆《ごぎゃく》を摂《せっ》せるは、なんの意《こころ》かあるや。答《こた》へていはく、この義《ぎ》仰《あお》ぎて抑止門《おくしもん》のなかにつきて解《げ》せん。四十八願《がん》のなかの（第十八願《がん》の）ごとき、謗法《ほうぼう》と五逆《ごぎゃく》とを除《のぞ》くことは、しかるにこの二業《にごう》その障《さわり》極重《ごくじゅう》なり。衆生《しゅじょう》もし造《つく》ればただちに阿鼻《あび》に入《い》り、歴劫周慞《りゃくこうしゅうしょう》して出《い》づべきに由《よし》なし。ただ如来《にょらい》それこの二の過《とが》を造《つく》ることを恐《おそ》れて、方便《ほうべん》して止《とど》めて「往生《おうじょう》を得《え》ず」とのたまへり。またこれ摂《せっ》せざるにはあらず。また下品下生《げぼんげしょう》のなかに、五逆《ごぎゃく》を取《と》りて謗法《ほうぼう》を除《のぞ》くは、それ五逆《ごぎゃく》はすでに作《つく》れり、捨《す》てて流転《るてん》せしむべからず。還《かえ》りて大悲《だいひ》を発《おこ》して摂取《せっしゅ》して往生《おうじょう》せしむ。しかるに謗法《ほうぼう》の罪《つみ》はいまだ為《つく》らず。また止《とど》めて「もし謗法《ほうぼう》を起《おこ》さば、すなはち生《しょう》ずることを得《え》ず」とのたまふ。これは未造業《みぞうごう》につきて解《げ》す。もし造《つく》らば、還《かえ》りて摂《せつ》して生《しょう》ずることを得《え》しめん。」（『聖典七祖』p494）

これを要約すると、四十八願の中の第十八願では、五逆と誹謗正法の者は往生できないと示されている。そして、『観経』の下品下生のなかで謗法と五逆を区別して、（謗法の者は往生できないが）五逆を摂取する（五逆の者は往生できる）ということはどういうことなのか。

如来は衆生が二つの罪を造ることを恐れて、方便として「往生できない」と言っておられる。

このような重罪を犯さないように抑《おさ》えとどめた意味があり、これを抑止門《おくしもん》という。

また、五逆を摂取して、謗法を除くとは、五逆の罪は已造業《きぞうごう》（既に罪は造られたもの）であり、これらの者は返って如来の大悲によって往生できる。然《しか》るに謗法の罪は未造業《みぞうごう》（未だ造られていない罪）であり、もし、謗法を造れば返って摂取され浄土往生ができる（これを摂取門《せっしゅもん》という）、と理解すべきである。

つまり、善導は抑止門《おくしもん》・摂取門《せっしゅもん》、已造業《きぞうごう》・未造業《みぞうごう》という概念を使って、五逆の者も、謗法の者も含めて、すべての衆生は最終的に弥陀に救われると釈したのです。この解釈は、前述の曇鸞『浄土論註』の八番問答の解釈、即ち、願生心《がんしょうしん》を起こし、法を信受すれば浄土往生できる、願生心がなければ浄土往生できないという考え方を凌駕した解釈と捉えることができます。

ところで、親鸞聖人は第十八願の「唯除五逆　誹謗正法」をどのように説かれたのでしょうか。この点について、聖人はその著『尊号真像銘文《そんごうしんぞうめいもん》』の中で次のように記されています。

「「唯除《ゆいじょ》五《ご》逆《ぎゃく》誹《ひ》謗《ほう》正法《しょうぼう》」といふは、「唯除《ゆいじょ》」といふはただ除《のぞ》くといふことばなり、五逆《ごぎゃく》のつみびとをきらひ、誹謗《ひほう》のおもきとがをしらせんとなり。このふた

つの罪《つみ》のおもきことをしめして、十方一切《じっぽういっさい》の衆生《しゅじょう》みなもれず往生《おうじょう》すべしとしらせんとなり。」（『聖典』p644）

ここで聖人は、「唯除五逆誹謗正法」というのは、五逆も誹謗正法もその罪の重さを示さんがためであり、（真意は）十方一切の衆生はみな漏れることなく往生することを知らせようとされたものである、と説かれています。

六、悪人正機《あくにんしょうき》について

悪人正機《あくにんしょうき》の「悪人」とは「罪悪深重《ざいあくじんじゅう》にして仏《ぶつ》になるべき能力《のうりょく》も素質《そしつ》も備《そな》わっていない者《もの》」のことであり、「罪悪生死《ざいあくしょうじ》の凡夫《ぼんぶ》（罪悪を犯し生死の迷いの世界を流転している衆生）」ともいわれます。

また、「正機」とは「正《まさ》しき目当《めあ》て」の意であり、従って、「悪人正機」とは「（仏の本願力による救いは）生死の迷いの世界を流転する悪人を目当てとしている」ということになります。

この「悪人正機」については、『歎異抄』第三条に次のような記述があります。

「善人《ぜんにん》なほもつて往生《おうじょう》をとぐ、いはんや悪人《あくにん》をや。しかるを世《よ》のひとつねにいはく、「悪人《あくにん》なほ往生《おうじょう》す、いかにいはんや善人《ぜんにん》をや。」この条《じょう》、一旦《いったん》そのいはれあるに似《に》たれども、本願他力《ほんがんたりき》の意趣《いしゅ》にそむけり。そのゆゑは、自力作善《じりきさぜん》のひとは、ひとへに他力《たりき》をたのむこころかけたるあひだ、弥陀《みだ》の本願《ほんがん》にあらず。しかれども、自力《じりき》のこころをひるがへして、他力《たりき》をたのみたてまつれば、真実報土《しんじつほうど》の往生《おうじょう》をとぐるなり。煩悩具足《ぼんのうぐそく》のわれらは、いづれの行《ぎょう》にても生死《しょうじ》をはなるることあるべからざるを、あはれみたまひて願《がん》をおこしたまふ本意《ほんい》、悪人成仏《あくにんじょうぶつ》のためなれば、他力《たりき》をたのみたてまつる悪人《あくにん》、もつとも往生《おうじょう》の正因《しょういん》なり。よつて善人《ぜんにん》だにこそ往生《おうじょう》すれ、まして悪人《あくにん》はと、仰《おお》せ候《そうら》ひき。」（『聖典』ｐ８３３〜８３４）

（「善人なおもって往生を遂げる、いわんや悪人をや」というと、世の人は「悪人なおもって往生する、いわんや善人をや」というべきではないかといわれる。これ、一見正しいように聞こえるけれども、本願他力の趣旨に背《そむ》いている。何故なら、自力の人は他力を頼む心が欠けており、これは、弥陀の本願ではない。しかし、自力の心を翻《ひるがえ》して他力を頼むならば真実報土に往生できる。煩悩に囚《とら》われている私たちは生死の迷いの世界から逃れることはできず、これを憐《あわ》れんで他力本願を立てられた弥陀の本意は悪人成仏《じょうぶつ》のためであり、他力を頼む悪人こそ往生の正因となる。よって、善人でも往生する、いわんや悪人をやと仰《おっしゃ》られた。）

ここに示された「悪人正機」は、すべての衆生を分け隔てなく救い取られるという弥陀の本願力の絶対平等性を説くもので、浄土真宗の優れた特徴・優れた思想を示すものといえるでしょう。

七、『顕浄土真実教行証文類《けんじょうどしんじつきょうぎょうしょうもんるい》』を読み解く

親鸞聖人の主著『顕浄土真実教行証文類《けんじょうどしんじつきょうぎょうしょうもんるい》』（以下『教行信証《きょうぎょうしんしょう》』という）についてその骨子を述べてみたいと思います。

『教行信証』には浄土真宗の教義体系が示されています。阿弥陀如来による本願力回向《ほんがんりきえこう》（他力本願）が二種回向《にしゅえこう》（往相回向と還相回向）に分けられて、その法義が、教《きょう》・行《ぎょう》・信《しん》・証《しょう》・真仏土《しんぶつど》・化身土《けしんど》の6巻の中に纏めて明かされています。全体の構成は、6巻の前後に総序《そうじょ》と後序《ごじょ》があり、全8分節から成っています。

総序は、「ひそかにおもんみれば、難思《なんじ》の弘誓《ぐぜい》は難度海《なんどかい》を度《ど》する大船《だいせん》、無碍《むげ》の

光明《こうみょう》は無明《むみょう》の闇《あん》を破《は》する恵日《えにち》なり」という有名な言葉で始まり、「ここに愚禿《ぐとく》釈《しゃく》の親鸞《しんらん》、慶《よろこ》ばしいかな、西蕃《せいばん》・月支《げっし》の聖典《しょうてん》、東夏《とうか》・日域《じちいき》の師釈《ししゃく》に、遇《あ》ひがたくしていま遇ふことを得たり、聞きがたくしてすでに聞くことを得たり。真宗の教行証を敬信《きょうしん》して、ことに如来の恩徳の深きことを知んぬ。ここをもって聞くところを慶び、獲《う》るところを嘆《たん》ずるなりと。」と結ばれています。

※「西蕃・月支」：現在のインドとパキスタン・アフガニスタン地域のことをいいます
「東夏・日域」：中国と日本を指します、

さて、本文の最初の「教《きょう》」は『仏説無量寿経《ぶっせつむりょうじゅきょう》』（『大経《だいきょう》』）を意味します。如来の「本願」を経の宗旨とし、仏の〝名号〟を体《たい》（本体・本質）とする釈尊出世の本懐《ほんがい》の教えのことです。〝名号〟を本体としているのは、この経が阿弥陀仏の第十七願に応じて説かれた経であるからです。第十七願の願文には「たとひわれ仏を得たらんに、十方世界の無量の諸仏、ことごとく咨嗟《ししゃ》（褒め称える）して、わが名を称せずは、正覚《しょうがく》を取らじ」とあり、十方の諸仏に阿弥陀仏の名号を褒め称えしめようと誓われています。釈尊が『大経』を説いて本願名号のいわれを示されたのは、この第十七願成就の姿なのです。

この真実教《しんじつきょう》に表わされている本願の名号を正定業《しょうじょうごう》（正しく衆生の往生が決定《けつじょう》する行法《ぎょうほう》）として示されるのが「行巻」です。

第二の「行《ぎょう》」とは本願の名号であり、衆生を往生成仏《おうじょうじょうぶつ》せしめる行法《ぎょうほう》のことです。「行」には、正行《しょうぎょう》と雑行《ぞうぎょう》があり、また、正行には正定業《しょうじょうごう》と助業《じょごう》があります。正定業は〝称名《しょうみょう》〟（名号を称すること）であり、助業には〝読誦《どくじゅ》〟〝観察《かんざつ》〟〝礼拝《らいはい》〟〝讃嘆供養《さんだんくよう》〟の四行があります。正行（正定業・助業）以外は全て雑行です。正定業は第十七願に誓われています。

なお、行巻の末尾に七言一句、百二十句の偈文《げもん》（阿弥陀仏を称える詩句）が述べられていますが、これが「正信偈《しょうしんげ》」（「正信念仏偈《しょうしんねんぶつげ》」）といわれるものです。「正信偈」は概ね三段から構成されています。初めに、聖人自身の阿弥陀仏への帰依《きえ》が示され（総讃《そうさん》、帰敬誦《ききょうじゅ》）（「帰命無量寿如来《きみょうむりょうじゅにょらい》 南無不可思議光《なもふかしぎこう》」）、次に、『大経』に示された阿弥陀仏の本願と釈尊の教えが述べられ（依経段《えきょうだん》）、そして、七高僧の論釈とその功績が讃嘆され（依釈段《えしゃくだん》）、依釈段の最後に、出家者も在家者もこの座に居合わせている人々もこの高僧の説を信じ、浄土往生を願うべきである（「道俗時衆共同心《どうぞくじしゅぐどうしん》 唯可信斯高僧説《ゆいかしんしこうそうせつ》」）と記されています。

「正信偈」は『教行信証』の教えの要点が簡明に説かれているといわれます。また、「正信偈」は蓮如上人（１４１５～１４９９）の時代に広く読誦《どくじゅ》されるようになり今日に至っています。（『聖典』p２０２～２０７、『辞典』p３５６）

第三の「信《しん》」とは「行」（正定業《しょうじょうごう》）を受けた無碍《むげ》の信心、第十八願における〝信楽《しんぎょう》〟（無碍の他力信心）のことであり、また、仏の大智大悲心によって真実報土に赴《おもむ》く涅槃《ねはん》の悟りを開く因となります。このことを信心正因《しんじんしょういん》といいます。

※「信心正因」に対して、「称名念仏」は、阿弥陀仏に摂取された衆生《しゅじょう》（行者《ぎょうじゃ》）が感謝の念を表し、「名号」が声となって出てきたものです。行巻「正信偈」の中に、「ただよくつねに如来の号《みな》を称して、大悲弘誓《だいひぐぜい》の恩を報ずべしといへり。」（『聖典』ｐ２０５）とあり、「称名念仏」は「称名報恩」（称名は仏に摂取された恩に報いて声に出されたもの）といわれます。つまり、「涅槃の悟りを開く因」は「信心正因」であって「称名正因」ではないということです。「称名正因」は異安心《いあんじん》（浄土真宗にとって正当な教義ではないこと）であり、「称名報恩」が安心論題《あんじんろんだい》（真実信心の論であること）として掲げられています。

「信巻（末）」には「それ真実の信楽《しんぎょう》を案ずるに、信楽に一念あり。一念とはこれ信楽開発《かいほつ》の時剋《じこく》の極促《ごくそく》を顕《あらわ》し、広大難思《こうだいなんじ》の慶心《きょうしん》を彰《あらわ》すなり」と記されています（『聖典』ｐ２５０）。これを釈すると、阿弥陀仏の本願（第十八願）を聞いて疑いなくこれを受け入れる信心《しんじん》が開き起った最初の刻《とき》を「信の一念（時剋の一念)」といわれているのです。このとき同時に衆生は必ず往生することのできる「正定聚《しょうじょうじゅ》」の位に就く利益《りやく》を与えられます。このことを「すなはち往生を得、不退転に住せん」(同上p41、p250)といわれたのです。これを「信益《しんやく》同時」といいます。

※なお、「信巻(末)」には、真実信心(阿弥陀仏から衆生に与えられた本願力回向の信心)を得た衆生は、十種類の利益が得られると記述されています。

「金剛《こんごう》の真心《しんしん》を獲得《ぎゃくとく》すれば、(中略)かならず現生《げんしょう》に十種の益《やく》を獲《う》。なにものか十とする。一《ひと》つには冥衆護持《みょうしゅごじ》の益《やく》、二《ふた》つには至徳具足《しとくぐそく》の益《やく》、三《み》つには転悪成善《てんあくじょうぜん》の益《やく》、四《よ》つには諸仏護念《しょぶつごねん》の益《やく》、五《いつ》つには諸仏称讃《しょぶつしょうさん》の益《やく》、六《む》つには心光常護《しんこうじょうご》の益《やく》、七《なな》つには心多歓喜《しんたかんぎ》の益《やく》、八《や》つには知恩報徳《ちおんほうとく》の益《やく》、九《ここの》つには常行大悲《じょうぎょうだいひ》の益《やく》、十《とお》には正定聚《しょうじょうじゅ》に入《い》る益《やく》なり。」(同上p251)

「冥衆護持《みょうしゅごじ》」とは「いつも諸天善神に護られていること」、「至徳具足《しとくぐそく》」とは「名号に込められた尊い徳が行者の身に備わること」、「転悪成善《てんあくじょうぜん》」とは「罪悪を転じて善となること」、「諸仏護念《しょぶつごねん》」とは「諸仏に護られること」、「諸仏称讃《しょぶつしょうさん》」とは「諸仏に褒め称えられること」、「心光常護《しんこうじょうご》」とは「阿弥陀仏の光明に常に護られること」、「心多歓喜《しんたかんぎ》」とは「心が歓喜に満たされること」、「知恩報徳《ちおんほうとく》」とは「恩を知り徳に報謝すること」、「常行大悲《じょうぎょうだいひ》」とは「阿弥陀如来の広大な慈悲を感じること」、「正定聚《しょうじょうじゅ》に入る」とは「悟りを開いて仏になることが定まった地位を得ること」の十種の利益のことです。

第四の「証《しょう》」は〝悟り〟のことであり、第十一願に誓われています。「行」と「信」の因が仏の果としてあらわれることを「証」（悟り）といいます。迷いの世界から離れた苦や悩みのない境地である悟りのことで〝涅槃《ねはん》〟とも〝滅度《めつど》〟ともいいます。この証果の（仏による）働きとして衆生を教化救済《きょうけきゅうさい》する還相回向《げんそうえこう》が展開されます。

このような証果のあらわれる境界（境地）が第五の「真仏土《しんぶつど》」です。光明無量

（第十二願）・寿命無量（第十三願）の大般涅槃《だいはつねはん》（完全な悟りの境地）の世界のことです。

※浄土真宗では、現世《げんせ》（此土《しど》）において正定聚《しょうじょうじゅ》の位に入る現益《げんやく》と当来《とうらい》（未来《みらい》世《せ》、彼土《ひど》）において大般涅槃《だいはつねはん》を悟る当益《とうやく》とが説かれます。現当二益《げんとうにやく》といいます。

第六の「化身土巻《けしんどかん》」においては〝権仮《ごんけ》〟の教えと〝邪偽《じゃぎ》〟の教えとが区分して説かれます。〝権仮〟の教えとは聖道門《しょうどうもん》（〝自力此土入聖《しどにっしょう》〟の教え）と浄土門（〝他力彼土得証《ひどとくしょう》〟の教え）内の方便教である要門（第十九願の教え、自力諸行往生）・真門（第二十願の教え、自力念仏往生）の教えのことです。また、邪偽の教えとは仏教以外の外道《げどう》の教えのことをいいます。

なお、第十八願には「たとひわれ仏を得たらんに、十方の衆生、至心信楽《ししんしんぎょう》して、わが国に生ぜんと欲《おも》ひて、乃至十念《ないしじゅうねん》せん。もし生ぜずは、正覚《しょうがく》を取らじ。ただ五逆《ごぎゃく》と誹謗正法《ひほうしょうぼう》とをば除く」とあります。親鸞聖人は、ここに誓われている行（十念）、信（至心信楽欲生）、証（悟り、衆生の往生）、真仏土（他力念仏の行者が往生する浄土）の夫々《それぞれ》に第十七願、第十八願、第十一願、第十二願・第十三願を配置されました。この五願が真実五願といわれ、『教行信証』の骨格をなしています。

このように、浄土真宗の法門は、凝縮すれば第十八願、俯瞰的にみれば真実五願によって成就された教えであると理解できます。

聖人は、『教行信証』の後序の最後に『安楽集』（道綽）から引用して「真実の（仏の）言葉を集めて往生浄土の利益《りやく》としましょう。なぜならば、先に生まれたものは後のものを導き、後に生まれたものは先のものを訪ね、果てしなく連なって途切れることの無いようにしたいからです。（そのことにより）数限りない迷いの人々が残らず救われるからです。」と仏の本願による衆生の救いが限りないと説かれると同時にこの絆が後世に連綿と続くことを願っておられます。（「真言《しんごん》を採《と》り集めて、往益《おうやく》を助修《じょしゅ》せしむ。いかんとなれば、前《さき》に生れんものは後《のち》を導き、後《のち》に生れんひとは前《さき》を訪《とぶら》へ、連続無窮《れんぞくむぐう》にして、願はくは休止《くし》せざらしめんと欲《ほっ》す。無辺《むへん》の生死海《しょうじかい》を尽《つく》さんがためのゆゑなり」）（『聖典』p474、『聖典七祖』p184～185）

私たちもこの言葉を胸に刻んで拳拳服膺《けんけんふくよう》しなければならないと切に思うところです。

参考：『聖典』p130、p1561、p1570他

八、『歎異抄』のはなし

『歎異抄』は親鸞聖人の門弟の一人で常陸国河和田《ひたちのくにかわだ》（現在の茨城県水戸市）の人、唯円《ゆいえん》（生年不詳～１２８８）の著と伝えられています。

『歎異抄』は漢文の序と本文十八ヶ条と後序《ごじょ》及び流罪記録《るざいきろく》からなっています。本文は前半十ヶ条と後半八ヶ条に分かれています。前半の十ヶ条は唯円が聖人から直接聞き取った法語を記したものといわれ、聖人の教えの真髄部分が印象深く語られています。この最初の十条を「親鸞語録篇（師訓《しくん》十ヶ条）」といいます。これに対し、十一条以下の八ヶ条は聖人口伝の教えに背く異義を嘆いて述べられたもので、「歎異篇（異義批判八ヶ条）」といいます。

これに続く後序《ごじょ》には聖人が法然の門弟時代に争われた「信心一異《しんじんいちい》の諍論《じょうろん》」について記載されています。そして、最後に流罪記録（承元の法難）が無実の風聞によって罪科に処せられたと憤りの言葉で記されています。

では、序の部分から『歎異抄』について述べていきましょう。

序は次のような文言で始まっています。

「ひそかに愚案《ぐあん》を回《めぐ》らしてほぼ古今《ここん》を勘《かんが》ふるに、先師《せんし》（親鸞）の口伝《くでん》の真信《しんしん》に異《こと》なることを歎《なげ》き、後学相続《こうがくそうぞく》の疑惑《ぎわく》あることを思《おも》ふに、幸《さいわ》ひに有縁《うえん》の知識《ちしき》によらずは、いかでか易行《いぎょう》の一門《いちもん》に入《い》ることを得《え》んや。まつたく自見《じけん》の覚悟《かくご》をもって他力《たりき》の宗旨《しゅうし》を乱《みだ》ることなかれ。」（ひそかに愚案を巡らせて聖人在世の昔と滅後の今を考えるに、口伝の真実の信心と異なることを歎き、後の者が受け継いでいくについての疑いや惑いを思うとき、深い因縁に結ばれた仏道の師の知識によらなければ、どうして易行の一門（浄土門）に入ることができましょう。自分一人の（独断の）見解をもって他力の宗旨を乱すことがあってはなりません。）と、自見の覚悟（独りよがりの見解）を戒めて、耳の底に留まっている親鸞聖人の教えをここに記す、と宣言されています。

第一条の要旨「念仏にまさるべき善なし」（『聖典』p832）

弥陀の本願は老少・善悪の人の差別なく、ただ、信心するかどうかが要《かなめ》となります。弥陀の本願は、罪悪深重《ざいあくじんじゅう》・煩悩熾盛《ぼんのうしじょう》の衆生を救うための願なのです。本願を信じるにはただ念仏すべきです。念仏に勝る善はないからです。

第二条の要旨「ただ念仏して弥陀にたすけられまゐらすべし」「地獄は一定《いちじょう》すみかぞかし」（同上p832、p833）

親鸞自身は、念仏して弥陀に救われるといわれた先師法然の仰せを受けて、これを信じる以外に格別の理由はありません。念仏はまことに浄土に生まれるための術《すべ》です。たとえ先師法然に騙されて念仏して地獄に落ちたとしても決して後悔は致しません。どのような修行も及ばない身なれば地獄は確実にわが住み家となります。愚身（親鸞）の信心はこのようなことです。この上は、念仏を信じようとも、信じなくとも衆生各自の考えになります。

第三条の要旨「善人なほもつて往生をとぐ、いはんや悪人をや」「他力をたのみたてまつる悪人、もつとも往生の正因《しょういん》なり」（同上ｐ８３３、ｐ８３４）

善人は浄土往生を遂げる。いわんや悪人はいうまでもない。しかし、世の人は、悪人は浄土往生を遂げる。いわんや善人はいうまでもない、といいます。けれども、この考え方は、本願他力の趣意に背いています。なぜなら、自力によって善をなし往生しようとする人は他力を頼む心が欠けているからです。煩悩から逃れることのできない我らを憐れんで本願をおこされた仏の本意は悪人成仏のためですから、他力を頼む悪人こそ浄土往生の正機（正しき目当て）なのです。ですから、善人は往生する、まして悪人はいうまでもない、といわれたのです。

※悪人とは「自らの力で煩悩（迷いの世界）を離れられないもの」の意

※本条の冒頭の言葉「善人なほもつて往生をとぐ、いはんや悪人をや」は、本条全体の文脈から見て一見聖人ご自身の言葉と受け取られますが、実は、法然上人の言葉を引用されたのではないかといわれています。法然上人の高弟の一人、勢《せい》観房源智《かんぼうげんち》（1183〜1238）の著した『法然上人伝記』（醍醐本）の中、「三心料簡および御法話」（27）に「善人尚以往生況悪人乎」という言葉が見られるからです。（釈徹宗『歎異抄』p34参照）

第四条の要旨「念仏申すのみぞ、すゑとほりたる大慈悲心にて候ふべき」（同上p834）

浄土の慈悲というのは、念仏して成仏し大慈大悲心をもって思うように衆生を教化して救いとることをいいます。
念仏を申すことこそ徹底した大慈悲心というべきです。
※すゑとほりたる：一貫した。徹底した

第五条の要旨「親鸞は父母《ぶも》の孝養《きょうよう》のためとて、一返にても念仏申したること、いまだ候はず」（同上p８３４）
親鸞は父母の追善供養のために念仏申したることは一度もありません。その故は、一切の生きとし生けるものはみな幾度となく生まれ変わる父母兄弟だからです。順次仏になって救われるのです。ただ自力を捨てて浄土に往生すれば悪業《あくごう》の末に受ける苦悩にさいなまれてもまず有縁のものから救われて悟りの世界に往生することができます。
※父母の孝養：父母の追善供養

第六条の要旨「親鸞は弟子《でし》一人《いちにん》ももたず候《そうろ》ふ」（同上ｐ８３５）

親鸞は弟子一人も持っていません。その故は、自分の計らいで人に念仏申させるのであれば弟子と呼んでもいいでしょうが、弥陀の計らいによって念仏申しあげる人を自分の弟子と申すことは途方もないことです。如来から賜った信心をわがもの顔に取り返さんと申すことは全くあるべからざることです。

※親鸞聖人は多くの門弟を育てられたといわれています。中でも「二十四輩《にじゅうよはい》」と呼ばれる主要な門弟は、そのエピソードと共に浄土真宗の歴史の中に刻まれています。しかし、聖人は「弟子一人ももたず候ふ」といわれるのです。その理由は、門弟といわれる人達は弥陀の本願力によって信心し、浄土に導かれた人達であり、それは聖人の力によってではないからです。他力本願の真髄が語られているのです。

第七条の要旨「念仏者は無碍《むげ》の一道《いちどう》なり」（同上ｐ８３６）

念仏の行者《ぎょうじゃ》は何ものにも妨げられない唯一の道を歩む人です。信心の行者には天の神・地の神も敬い伏し、摩界《まかい》・外道《げどう》のものも邪魔することはありません。罪悪があってもそれに対する報いを感じることはありませんし、自力の諸善も念仏には及びません。

※外道：仏教以外の教えのこと

第八条の要旨「念仏は行者のために非行《ひぎょう》・非善《ひぜん》なり」（同上ｐ８３６）

念仏は、念仏を行する立場からいえば行でもなく、善でもありません。自分の計らいで行ずるのではないので非行といいます。自分の計らいで行う善ではないので非善といいます。偏《ひとえ》に他力であり、自力を離れているが故に行者にとっては非行・非善となります。

※「念仏は行者のために非行・非善なり」とは、どうも判然としない一文のように思われますが、ここは、自力・他力がキーワードとなります。自分の計らい（自

力）ではなく、弥陀の計らい（他力）によって念仏するのであるから、念仏する側からいえば非行・非善となるといわれているのです。つまり、非行・非善とは自分の計らいを完全否定し、他力本願に帰することを徹底するよう促されているのです。

第九条の要旨「念仏申し候へども、踊躍歓喜《ゆやくかんぎ》のこころおろそかに候ふこと、またいそぎ浄土へまゐりたきこころの候はぬは、いかにと候ふべきことにて候ふやらんと、申しいれて候ひしかば、親鸞もこの不審ありつるに、唯円房おなじこころにてありけり。」（同上ｐ８３６）

念仏申しても、躍り上がって喜ぶ心が余り湧いてこないこと、また、急いで浄土に参りたいと思う心が生じてこないのはどうしてなのでしょうか、とお尋ねしたところ、親鸞自身もそのように思っているので、唯円房と同じ心なのです。よく考えてみれば、天に踊り地に踊る程に喜ぶべきことを喜ばないというのは、往生が確かに定まっているると思っているからです。喜ぶべき心を抑えて喜ばないのは煩悩があるからです。仏はかねてより煩悩具足の凡夫と仰っているように、他力の悲願はかくの如く、われら衆生のためであると知らされて、いよいよ頼もしく思われます。また、浄土へ急いで参りたいという心がなく、聊《いささ》か病いのこともあり、死ぬかもしれないと心細く思うことも煩悩の働きです。遠い昔よりこれまで流転してきた苦悩に満ちた迷いの世界は捨てがたく、行ったことのない浄土は恋しいとも思われないことも煩悩が盛んなためです。娑婆の縁が尽きて終わるときに浄土に参るべきです。急いで参りたいと思う心のないものを殊に憐れみ賜うのです。このようにいよいよ大悲大願は頼もしく、往生は決定《けつじょう》していると考えればいいのです。

※本条は、唯円が、念仏しても躍り上がって喜ぶ心が湧いてこないこと、また、急いで浄土に参りたいとも思わないのはどうしてなのでしょうか、と親鸞聖人に尋ねたときの問答が描かれています。唯円は、一般の衆生が感じるであろう疑問

を率直に聞いています。聖人の答えも率直です。自分も同じように疑問を感じているといわれるのです。聖人は、喜ぶべき心を抑えて喜ばないのは煩悩があるからだと答えられます。喜びの湧いてこない煩悩具足の衆生であっても仏は放っておかず救ってくださる、他力悲願とはこういう事なのだと説かれたのです。

第十条の要旨「念仏には無義をもつて義とす。不可称不可説不可思議のゆゑにと仰せ候ひき。」（同上ｐ８３７）

念仏は、（人による）計らい無きことを本義とします。称《たた》え尽くすことも、説き尽くすことも、心で思い計ることもできません、と聖人は仰いました。

そもそも聖人ご存命中のむかし、志を同じくして苦労して遥か遠く都（京都）まで足を運び、信心を一つにして心を来るべき浄土にかけた輩《ともがら》は、聖人のお考えをうけたまわっていながら、その人々に伴って念仏申す老若の人々の中に、聖人の仰っていない異義を最近よく話し合われていると伝え聞いています。その中にはいわれのない様々なことがあります。

※「念仏には無義をもつて義とす」という言葉は、三帖和讃の一つ、『正像末和讃』の中にも見られます。同和讃には「他力には義なきを義とすとしるべきなり」とあります。（同上ｐ６２１）「義なき義」の最初の「義」は、「人による計らいの無いこと」を意味し、後の「義」は「本義」（正しい意義）を意味します。即ち、「念仏」も「他力」も人による計らいがないこと、弥陀の計らいであることが強調されているのです。

尚、この条は、次の第十一条から第十八条（異義を挙げて歎異された条）の序としての形をとっています。

「そもそも…」以下を、中序と解釈する人もいます。

第十一条の要旨「**なんぢは誓願不思議を信じて念仏申すか、また名号不思議を信ずるか**」（同上ｐ８３８）

文字を知らない輩《ともがら》が念仏申すことに対して、「(本来は一つである本願と名号を別物のように分別して)誓願不思議を信じる者は往生できるが、名号不思議を信じて念仏する者は往生できない」といい驚かして、二つの不思議の仔細を解き明かさないで人の心を惑わすことには十分に心を留めて考え定めるべきです。誓願の不思議によって称えやすい名号を考えだされてこれを称えるものを(浄土に)迎えると約束されていることなので、弥陀の大悲大願の不思議に救われて生死《しょうじ》(迷いの世界)を離れると信じて念仏を申すのも如来の計らいによるのです。自分の計らいは毫《ごう》もなく、本願に従って真実報土《しんじつほうど》に往生できるのです。誓願と名号の不思議は一つであり、、二つは全く異なることはありません。また、善悪について、善は往生の助けとなり、悪は往生の障《さわ》りとなると思われますが、それは、誓願の不思議に頼まず、念仏も自分の計らいで行う行《ぎょう》であると考え違いをしているからです。ただ、名号の不思議を信じなくても方便化土《ほうべんけど》に往生すれば果遂《かすい》の願《がん》(第二十願:衆生を方便化土への往生、或いは、弘願他力《ぐがんたりき》の法門への転入を果たし遂げさせること）の働きによって真実報土に往生することができるのは名号の不思議の力によるのです。

※本条では、誓願と名号の不可思議について説かれています。誓願とは大経に説かれている四十八願のことで、中でも、衆生救済の基本の願である第十八願のことをいいます。第十八願は本願とも称されます。また、名号とは称名念仏のことで、阿弥陀仏の名号を称えることです。法然は「弥陀如来、余行《よぎょう》をもって往生の本願となさず、ただ念仏をもって往生の本願となしたまへる文《もん》」と述べています。（『聖典七祖』ｐ１２０１）

この誓願（本願）と名号は不可分にして一つであるにも拘らず、「誓願不思議を信じる者は救われるが、名号不思議を信じて念仏する者は救われない」と主張する者が現れたことに対する批判（「誓名別信《せいみょうべつしん》の異義」）が述べられています。本願を信じ、名号を称えるのは阿弥陀仏の計らい（弥陀の大悲大願の不思議）によるものであり、人の計らいによるものではない、と繰り返し説かれています。

第十二条の要旨「他力真実のむねをあかせるもろもろの正教《しょうぎょう》は、本願を信じ念仏を申さば仏に成る、そのほかなにの学問かは往生の要なるべきや」（『聖典』p839）

他力真実の旨を明らかにされている正教《しょうぎょう》（浄土三部経等の経典や七高僧、親鸞聖人の著書の総称。聖教《しょうぎょう》ともいう）では、本願を信じ念仏を称えれば往生成仏するといわれています。そのほかにどんな学問が往生のために必要でしょうか。教釈《きょうしゃく》（経典と註釈）を読み学問しても、聖教の本意（他力真実のこと。本願を信じ念仏すれば往生成仏できるということ）を心得なければとても悲しいことです。文字を読めず、教釈の筋道を知らない人も称えやすい名号ですから易行《いぎょう》といいます。学問を旨とするのは聖道門《しょうどうもん》であり、難行《なんぎょう》といいます。

学問するということは、いよいよ如来のご本意を知り、悲願の広大さを知り、卑しい身だから（浄土）往生はできないだろうと危ぶむ人にも、本願は善悪《ぜんあく》・浄穢《じょうえ》のない教えであることを説き聞かせることであり、それ以外のことではありません。

※本条では正教を学ばなければ浄土往生できないと説く「学解《がくげ》往生の異義」を批判されています。学問し、知識を蓄え智慧を磨いて悟りを開こうとするのは聖道門の道であって、浄土門では、下根《げこん》（仏道を修める能力の劣った人）の凡夫《ぼんぶ》であっても、一文不通《いちもんふつう》（文字の読めないこと）の者であっても信心すれば必ず救われる易行の道が開かれていると説かれています。

第十三条の要旨「弥陀の本願不思議におはしませばとて、悪をおそれざるは、また本願ぼこりとて、往生かなふべからずといふこと。この条、本願を疑ふ、善悪の宿業をこころえざるなり。」（同上p８４２）

弥陀の本願は不思議であるからといって悪を恐れないのは、本願ぼこりといわれ往生できないというのは、本願を疑って善悪が各人の持つ前世の宿業によって定まっているということを理解していない者の考え方です。善いことも悪いことも業報《ごうほう》（善悪の業因によって受ける苦楽の果報）の結果であり、偏《ひとえ》に本願にお任せした他力により生じたものです。

ただ、聖人は御消息の中で「薬があるからといって、毒を好むべきではない」

つまり、「本願によって救われるからといって、悪を働くことは慎まなければならない」と述べておられます。

本願ぼこりといって戒められる人々も煩悩・不浄の輩《やから》であり、本願を誇ったからそのように呼ばれたのでしょう。（しかし）どのような悪が本願ぼこりといわれるのでしょうか。どのような悪が本願を誇らないといわれるのでしょうか。本願ぼこりを悪だということの方がむしろ心幼い人のいうことではありませんか。

※本条は「本願ぼこり」について考察されています。「本願ぼこり」とは悪人を救済する弥陀の本願力の強さを誇ること、また、その強さに甘えて自ら悪を慎まない「造悪無碍《ぞうあくむげ》」の者のことをいいます。ここで述べられていることは、本願ぼ

こりに対する批判（「本願ぼこりは往生できない」）を批判する（「本願ぼこりが往生できないというのは因果の宿業を理解していない者の考え」）という、二重否定の論理が展開されています。

「本願ぼこりは往生できない」とは「本願を誇って悪を慎まない人は往生できない」ということであり、それはつまり、「専修賢善《せんじゅけんぜん》（ひたすら善を積まなければならない）でなければ往生できない」ということになります。

「本願ぼこり」の批判を批判するとは、「本願ぼこり」であっても往生できるということです。これは、「専修賢善」を批判することになり、「専修賢善」は異義ということです。

この条では「本願ぼこり」の批判の批判、「専修賢善の異義」が説かれています。ただ一方で、「薬あればとて、毒をこのむべからず」と「本願ぼこり（造悪無碍）」を戒めています。

第十四条の要旨「罪を滅せんとおもはんは、自力のこころにして、臨終正念といのるひとの本意なれば、他力の信心なきにて候ふなり」（同上p８４６）

一回念仏すると八十億劫の（限りなく多くの）重罪を滅することができると信じることは、十悪・五逆の罪人が日ごろは念仏しなくても、臨終のとき一回念仏すれば、八十億劫の罪を滅し、十回念仏すれば、八十億劫の十倍の重罪を滅して往生することができると信じることになります。これは、十悪・五逆の罪の軽重を述べているのでしょう。滅罪は一回の念仏・十回の念仏による利益《りやく》となります。しかし、このような考え方は私たちの信じている教えには及びません。その故は、弥陀の光明に照らされて念仏するとき強固な信心を得て、すでに正定聚《しょうじょうじゅ》の位に収まっていて、臨終のときには煩悩・悪障《あくしょう》を離れて悟りが開かれているからです。

罪を滅しようと思うことは自力の心によるもので、臨終時に念仏する人の本意ですから他力の信心ではないということになります。

※本条では、「念仏滅罪《ねんぶつめつざい》の異義」について論じられています。称名念仏することによって、如何なる重罪も滅せられると説き、それを信じる人たちに警鐘を鳴らして他力念仏・他力本願の意義を正しく伝えようとされています。

臨終時の念仏によって罪を滅することができるという功利的な考え方は自力の心が働いているからであり、聖人の教えとは別のものです。正しい教えでは、信心が決定《けつじょう》したときに正定聚《しょうじょうじゅ》の位に住することができる、つまり、浄土往生できるのです。これを「現生《げんしょう》正定聚」といい、「平生業成《へいぜいごうじょう》」といいます。

聖人は『親鸞聖人御消息』の中で「臨終《りんじゅう》まつことなし。来迎《らいこう》たのむことなし。信心《しんじん》の定《さだ》まるとき往生《おうじょう》また定《さだ》まるなり。」と記されています。（同上ｐ７３５）

※十悪・五逆の内容については上述（ｐ61～62）の通りです。

第十五条の要旨「煩悩具足の身をもつて、すでにさとりをひらくといふこと。この条、もつてのほかのことに候ふ」（同上ｐ８４６）

煩悩具足の身でありながら、現生時にすでに悟りを開いているというのは、もってのほかのことです。即身成仏《そくしんじょうぶつ》（現生《げんしょう》の肉体のままで仏果を得ること）は真言密教の教えの本意であり、六根清浄《ろっこんしょうじょう》（眼耳鼻舌身意の六根が清浄であること）は法華経における一仏乗《いちぶつじょう》の教え（衆生を平等に救う菩薩乗の教え、天台の教え）です。これらはみな難行であり、観察思念《かんざつしねん》して成就する悟りです。（これに対し）来世である浄土に生まれて悟りを開くのは、他力による浄土往生であり、信心決定すれば例外なく悟りの道は開かれます。これは、易行であり下根《げこん》（愚かな衆生）のものの進むべき道です。善人と悪人を区別しない平等の教法です。『和讃』（『高僧和讃』七七）の中で「金剛堅固《こんごうけんご》の信心の、さだまるときをまちえてぞ、弥陀《みだ》の心光摂護《しんこうしょうご》して、ながく生死《しょうじ》をへだてける」といわれています。信心が定まったときにひとたび摂取《せっしゅ》されれば六道《ろくどう》（地獄・餓鬼・畜生・阿修羅・人間・天）に輪廻《りんね》することはありません。しかれば、長く迷いの世界を流転することもありません。「往生浄土の真実の教えでは現世で仏の本願を信じて、浄土に往生して悟りを開くと（法然上人が）説かれた」と、故親鸞聖人が仰せになりました。

※本条では「即身成仏《そくしんじょうぶつ》の異義」が説かれています。「即身成仏」とは「現世においてこの身のままで仏になること」で、これは密教教義の根本であり、浄土思想とは全く異なります。浄土教義では、信心が決定《けつじょう》したとき不退転に（後戻りすることなく）正定聚の位に住し、彼土に渡ったとき悟りを開く（彼土得証《ひどとくしょう》）と、説かれます。

第十六条の要旨「一向専修《いっこうせんじゅ》のひとにおいては、回心《えしん》といふこと、ただひとたびあるべし。その回心《えしん》は日《ひ》ごろ本願他力真宗《ほんがんたりきしんしゅう》をしらざるひと、弥陀《みだ》の智慧《ちえ》をたまはりて、日《ひ》ごろのこころにては往生《おうじょう》かなふべからずとおもひて、もとのこころをひきかへて、本願《ほんがん》をたのみまゐらするをこそ、回心《えしん》とは申《もう》し候《そうら》へ。」（同上p848）

本願念仏の信者は腹を立て悪いこともし、同朋《どうぼう》の人に会って口論しては回心懺《えしんざん》悔《げ》するということ、これは、悪を断ち善を修める（断悪修善《だんあくしゅぜん》）ということでしょうか。一向専修《いっこうせんじゅ》の人（ひたすら本願を信じる念仏者）にあっては、回心《えしん》はただ一回であるべきです。その（一回の）回心とは、本願他力の真実の教えを知らなかった人が弥陀の智慧を賜って、通常の心では浄土往生ができないと思い、自力の心を翻《ひるがえ》して本願他力を信じるようになることこそ回心《えしん》ということなのです。

信心が定まれば、浄土往生を弥陀にお任せするので自分の計らいはありません。

すべてよろずのことについて、浄土往生にはこざかしい考えを捨てて、ただしみじみと弥陀のご恩の深重《じんじゅう》さを思うことが大切です。そうすれば、自然《じねん》に念仏を称《とな》えられます。これこそ自然《じねん》といいます。自ら計らわないことを自然《じねん》といいます。これすなわち他力《たりき》といいます。然るに自然《じねん》ということが別にあるかのように、物知り顔にいう人がいると聞きます。あさましいことです。

※本条では「回心滅罪《えしんめつざい》の異義」を正しています。罪を犯した人はその都度回心懺《えしんざん》

悔《げ》しなければ往生できないという考え方（回心滅罪：回心懺悔すれば罪は滅する）を批判して、本願他力の念仏者は、弥陀の智慧を賜ってただ一度自力を翻して本願他力を信じる（回心する）ことで十分だと説かれています。弥陀にすべてを委ね、自ら計らわない「自然《じねん》」という概念はとても大切です。聖人は「自然法爾《じねんほうに》」といわれています。信心も浄土往生も二種回向（往相回向・還相回向）もすべて弥陀の本願力によるもので人の計らいは一切存在しないといわれます。「自然法爾」とは「自《おの》ずから然《しか》らしむ、（本願の）法則《ほうそく》として爾《しか》らしむ」の意で、いずれも「弥陀の本願力によってそのようにあらしめられる」と理解できます。

※「自然法爾」については、別項（p18～19）で解説していますのでご参照下さい。

第十七条の要旨「辺地往生《へんじおうじょう》をとぐるひと、つひには地獄《じごく》におつべしといふこと。この条《じょう》、なにの証文《しょうもん》にみえ候《そうろ》ふぞや。学生《がくしょう》だつるひとのなかに、いひいださるることにて候《そうろ》ふなるこそ、あさましく候《そうら》へ。」（同上p849）

方便化土《ほうべんけど》で往生を遂げる人はついには地獄に落ちるということ、これはどこにそのような証文《しょうもん》があるのでしょうか。学者ぶる人のなかからいいだされたことのようであさましく思います。この人たちは経論《きょうろん》や正教《しょうぎょう》をどのように読まれたのでしょうか。信心の欠けた念仏者は、本願を疑い方便化土に生まれて、疑いの罪を償った後に真実報土において悟りを開くと聞いています。信心決定《しんじんけつじょう》した念仏者は数少ないので方便化土に多くの者を勧めいれられていることを無駄であるといわれることこそ如来に嘘・偽りを申していることになります。

※本条では「辺地堕獄《へんじだごく》の異義」が説かれています。「辺地《へんじ》」とは「方便化土《ほうべんけど》」のことです。念仏者の多くは、大経に説かれている第十九願（至心発願《ししんほつがん》の願・要門《ようもん》）、第二十願（至心回向《ししんえこう》の願・真門《しんもん》）の、方便の教えを経て、第十八願（至心信楽《ししんしんぎょう》の願・弘願《ぐがん》）の他力念仏往生（真実の教え）に導かれるといわれています。方便化土への往生は真実報土に至るステップであり、堕獄（地獄に落ちる）とはもってのほかのことであると記されています。

なお、経論とは釈尊の説いた「経」と経を解釈した「論」のことです。また、正教とは釈尊の説いた経（経典）や祖師（七祖）・宗祖の撰述書のことです。

※第十九願（要門）、第二十願（真門）の方便の教えを経て、第十八願（弘願）の本願他力念仏に至る道筋を三願転入（または、三願真仮）といいますが、これについては別項（p21～25）で解説していますのでご参照下さい。

第十八条の要旨「仏法《ぶっぽう》の方《かた》に、施入物《せにゅうもつ》の多少《たしょう》にしたがつて大小仏《だいしょうぶつ》になるべしといふこと。この条《じょう》、不可説《ふかせつ》なり、不可説《ふかせつ》なり。比興《ひきょう》のことなり。」（同上p850）

仏事関係者への布施・寄進の多少によって仏の大小の差がでるということ、このことは、あってはならないこと、道理に合わないことです。まず、仏に大小の大きさを定めること自体が問題です。何をもって仏の大小を定めるのですか。どのような宝物を仏前に供え、師匠に施したとしても信心（本願他力を信じる心）

が欠けているなら何の意味もありません。たとえ一紙・半銭を仏前に捧げなくとも本願他力を深く信じることこそ本願の本意なのです。すべて仏の教えにことよせて世俗的な欲があるから念仏の同朋《どうぼう》を脅《おど》されているのでしょうか。

※本条では布施・寄進の多少によって果報に差が出るという「施量別報《せりょうべつぽう》（施量の多少により果報が異なること）の異義」を批判しています。布施・寄進の多少によって仏が大きくなったり小さくなったりするとは、誠に俗な主張ですが、このようなことが衆生の間に流布されていたとは言語道断だと唯円は「不可説なり、不可説なり。比興《ひきょう》のことなり」と、厳しく断罪しています。「比興《ひきょう》」とは「不都合なこと」「道理に合わないこと」の意です。

以上、序、師訓十ヶ条、異義批判八ヶ条についてその要旨を述べてきました。『歎異抄』にはこれに続いて、後序、流罪記録が記されています。

後序は「右条々《みぎじょうじょう》は、みなもつて信心《しんじん》の異《こと》なるよりことおこり候《そうろ》ふか。」という文言から始まっています。ここから暫くその要旨を記します。

「右に掲げた第十一条から第十八条の（異義八条）はみな真実の信心と異なっているところから生じていると思われます。故聖人（親鸞聖人）の物語の中に、法然聖人存命中に、多くの弟子の中、真実信心の人が少ない中で親鸞聖人と同じ法然門下の弟子たちの間で諍論《じょうろん》（論議）がありました。それは、「善信《ぜんしん》（親鸞）の信心も法然聖人の信心も（異なることなく）一つである」と仰《おっしゃ》ったのですが、勢観房・念仏房などの弟子たちは、意外にもこれに諍《あらが》って「どうして法然聖人の信心と善信房の信心が一つであろうか」と、いわれたのですが、「法然聖人の智慧・才覚は広く優れておられ、これと同じだというのであれば間違っていますが、往生の信心においては全く異なることはなくただ一つです」と（善信は）返答されました。しかし、なお「どうしてそのような義があろうか」と納得されず非難されましたので、結局は法然聖人の前で是非を定めることになりその仔細を申し上げたところ、法然聖人は「源空（法然）の信心も、如来より賜った信心、善信房の信心も如来より賜った信心であるから（信心に異なるところはなく）ただ一つである。別の信心をいただいている人は源空の往生しようとする浄土へはまさか往生することはないでしょう。」と仰《おお》せになりました。

※この物語は、「信心一異《しんじんいちい》の諍論《じょうろん》」といわれるもので『御伝鈔《ごでんしょう》』（覚如著）の上第七段にも記述されています。（『聖典』p1050）内容は略同じですが、唯円（不詳～1288）と覚如（1270～1351）の生存年代を考えると、『御伝鈔』の諍論は『歎異抄』の諍論を下敷きにして書かれたものと推論できます。梯は「覚如上人は『歎異抄』を参照しながら、より真宗的に文章を構成されたのではないか」と記しています。（梯實圓『歎異抄』p288～289）

「信心一異の諍論」を述べた後、唯円は、自身の死後にも異義が発生し続けるのではないかと慨嘆する文面が続きます。

「閉眼《へいがん》ののち（唯円が亡くなったのち）先にあげたような異義がはびこるのではないかと嘆かわしく思っています。このような異義をいいあっている人々の言葉に惑わされそうになった時には親鸞聖人の心に叶った聖教《しょうぎょう》などをよくよくご覧下さい。聖教には真実も方便も混じり合っています。方便を捨てて真実を摂り、仮《け》をさしおいて真《しん》を用いることこそ聖人の本意です。よくよく注意して聖教を見て心惑わされないようにしなければなりません。大切な証文を少し抜き出して箇条書きの文書にして本書に添えさせていただきました。

聖人がいつも仰っていたことですが、「弥陀《みだ》の五劫思惟《ごこうしゆい》の願をよくよく案ずればひとへに親鸞一人がためなりけり。されば、それほどの業《ごう》をもちける身にてありけるを、たすけんとおぼしめしたちける本願のかたじけなさよ」（阿弥陀仏が五劫の長き間にわたって思惟された結果の本願をよくよく考えてみると、偏に親鸞一人を救うためでした。されば、それ程の業をもった身である私（親鸞）を救おうとされる本願のかたじけなさよ。）と述懐されていました。このことを今また考えてみますと、善導の「自身はこれ現に罪悪《ざいあく》生死《しょうじ》の凡夫《ぼんぶ》、曠劫《こうごう》よりこのかた、つねにしづみ、つねに流転《るてん》して出離《しゅつり》の縁《えん》あることなき身としれ」（自分自身は現に罪悪を抱えて迷いの世界をさまよっている凡夫であり、果てしない過去から現在まで迷いの世界に沈み、流転して、そこから抜け出す縁のない身であることを知れ）（『観経疏』散善義）（『聖典七祖』ｐ457）という金言と少しも違っておりません。さればかたじけなくも聖人自身の身に引き寄せて、衆生自身が身の罪悪の深さを知らず、如来の恩の高さ尊さをも知らずさまよっていることに気づかせようとされていたのです。」

※この中に記された「弥陀《みだ》の五劫思惟《ごこうしゆい》の願をよくよく案ずればひとへに親鸞一人がためなりけり。」という言葉は、私たちの心にずしりと響く深く重い意味を感じます。それは、「親鸞一人がため」とは「私たち一人一人のため」、「衆生一人一人のため」と仰っていることに他ならないからです。

続いて聖人は、「善悪の二つ、何が善で何が悪か判りません。その故は、如来の心で善と思われるほどに善を知り尽くしていれば善を知っているといえるでしょうし、如来が悪と思われるほどに悪を知り尽くしていれば悪を知っているといえるでしょうが、私たちは煩悩具足の凡夫であり、この世は火宅無常の世界（転変無常の世界）、みなもって虚言・虚偽が満ちている真実のない世界であり、ただ、念仏のみが真実の世界なのです」と仰いました。

まことに、われもひとも虚言をいい合っていますが、ひとつ、心の痛むことがあります。それは、念仏申すについて、信心のあり方をお互いに論議しあい、人にもいい聞かせるとき、人の口を塞ぎ議論をやめさせるために聖人がまったく仰せになっていないことを、仰せになったといい募る人がいます。情けなく嘆かわしいことです。

以上述べてきたことをよくよく考え理解し心得ていただきたいと思います。

これらは自分一人の勝手な言葉ではありませんが、経釈の道理も知らず、仏法の深浅を心得ていない身であり、さだめておかしいと思われるかもしれませんが、聖人の仰ったことの百分の一ほど、ほんの少し思い出して書留めました。幸いにも念仏申しながら、直ちに真実報土に生まれずして方便浄土に留まることは悲しいことです。同じ念仏の教えを受けて、信心の異なることがないように、泣く泣く筆を染めてこれを記しました。名付けて『歎異抄』といいます。同門の人以外には公にしないでください。

※後序の最後は「外見あるべからず」（同門の人以外には）公にしないでください）と結ばれています。この意味は、奥義の如く秘匿したいという意図ではなく、同門の人たち、或いはこの教えにある程度通暁している人たちでなければ、誤解を招きかねないからだ、といわれています。

後序の後に、付録文書として流罪記録《るざいきろく》（承元《じょうげん》の法難）が記されています。その要旨は次の通りです。

「後鳥羽上皇（１１８０〜１２３９、天皇在位１１８３〜１１９８。１１９８年譲位ののち上皇）院政時代、法然聖人は他力本願念仏宗を興されました。ときに、興福寺《こうぶくじ》の僧侶が念仏宗を仏敵として朝廷に上奏しました。その上、法然聖人の弟子の中に道に外れた行為をするものがあり糾弾されるべきであると、事実無根の風評によって罪科に処せられた人たちについて記します。

一、法然聖人及びその弟子七人、流罪。弟子四人、死罪《しざい》。法然聖人は土佐国幡多《とさのくにはた》へ流罪、罪人名は藤井元彦《ふじいもとひこ》男性、年齢は七十六歳なり。

親鸞は越後国《えちごのくに》、罪人名、藤井善信《ふじいよしざね》、年齢三十五歳なり。

この他、弟子六人を含め遠流《おんる》の人々は八人なり。ただ、六人のうち二人（幸西《こうさい》成覚房《じょうかくぼう》・善恵房《ぜんねぼう》）は比叡山無動寺《ひえいざんむどうじ》の慈鎮大僧正《じちんだいそうじょう》の身柄預かりとなり流罪地には赴きませんでした。

※法然聖人の流罪地は九条兼実《くじょうかねざね》（１１４９〜１２０７、摂政・関白を歴任）の配慮によって土佐から讃岐に変更されました。

死罪に処せられた人々
一番　西意善綽房《さいいぜんしゃくぼう》
二番　性願房《しょうがんぼう》
三番　住蓮房《じゅうれんぼう》
四番　安楽房《あんらくぼう》
罪科は（後鳥羽上皇の側近であった）二位法印尊長《にいのほういんそんちょう》の沙汰でした。

親鸞は僧籍を剥奪され俗名《ぞくみょう》を賜りました。よって僧にあらず俗にあらず、これにより、禿《とく》の字をもって姓《しょう》となすと、朝廷に奏聞《そうもん》して認められました。その申告状は今も外記庁《げきのちょう》（上奏文の記録などを管理する役所）に収められています。流罪以後、愚禿親鸞《ぐとくしんらん》と書かれるようになりました。

この『歎異抄』は当流（浄土真宗）にとって大事な聖教《しょうぎょう》です。浄土真宗の法義を真剣に聞く気のない人には容易にこれを伝えてはなりません。

釈蓮如（花押）」

※この書『歎異抄』の末文の二行の末尾には「釈蓮如（花押）」と記されています。これは、第八代門主蓮如上人（１４１５〜１４９９）が唯円の著した『歎異抄』全文を書き写されたことを示しています。『歎異抄』の原本は現存せず、蓮如本のみ伝えられているのです。

「承元の法難」の流罪記録は親鸞聖人の著された『顕浄土真実教行証文類』（化身土巻）にも記述されています（『聖典』ｐ４７１〜４７２）

親鸞聖人の教えの基本構造

～総括図～

六《ろく》三《さん》法《ぼう》門《もん》

三　願	**第十八願** （至心信楽の願） **【三心】** 大経第十八願の「三心」（至心・信楽・欲生）と観経の「三心」（至誠心・深心・回向発願心）	**第十九願** （至心発願の願） （來迎引接の願）	**第二十願** （至心回向の願） （果遂の願）
三　経	**仏説無量寿経** **【大経**（他力念仏）**】** 王舎城の郊外、耆闍崛山で説かれた経。讃仏偈、四十八願（願文・因文）、重誓偈、成就文（果文）	**仏説観無量寿経** **【観経**（自力諸行）**】** 王舎城の悲劇、隠顕、「（阿難に）汝よくこの語を持て」、定善十三観、散善三観、散善三福（世福・戒福・行福）	**仏説阿弥陀経** **【小経**（自力念仏）**】** 舎衛国祇園精舎で説かれた経、無問自説経、隠顕、「（舎利弗に）もろもろの衆生のために…難信の法を説きたまふ」
三　門	**弘《ぐ》願《がん》**	**要門**	**真門**
三　蔵	**福智蔵** **【六波羅密】** 完全性、悟りの彼岸に至ること（布施・持戒・忍辱・精進・禅定・智慧）	**福徳蔵**	**功徳蔵**
三　機	**正定聚**	**邪定聚**	**不定聚**
三往生	**難《なん》思《じ》議《ぎ》往生** （真実報土）	**双《そう》樹《じゅ》林《りん》下《げ》往生** （方便化土）	**難《なん》思《じ》往生** （方便化土）

※**現《げん》当《とう》二《に》益《やく》**：現在世（此土）において受ける利益、正定聚の位に入る現益と未来世（彼土）において受ける利益、大般涅槃を悟る当益（当来において受ける利益）

平《へい》生《ぜい》業《ごう》成《じょう》
と
臨《りん》終《じゅう》業《ごう》成《じょう》

↓

自《じ》然《ねん》法《ほう》爾《に》

（自ずから然らしむ、本願の法則として爾らしむ）

親鸞聖人の教えの基本構造　～総括図～

七高僧

宗祖親鸞聖人が祖師として尊崇された七人の高僧。
「正信念仏偈」の依釈段や、『高僧和讃』に示されている。

祖	名	生没年	著作
第一祖	龍樹	一五〇年～二五〇年	❖『十住毘婆沙論―易行品―』
第二祖	天親（世親）	四〇〇年～四八〇年	❖『無量寿経優婆提舎願生偈』（『浄土論』『往生論』）
第三祖	曇鸞	四七六年～五四二年	❖『無量寿経優婆提舎願生偈註』（『浄土論註』『往生論註』）
第四祖	道綽	五六二年～六四五年	❖『安楽集』
第五祖	善導	六一三年～六八一年	❖『観経疏』（「古今楷定」）
第六祖	源信	九四二年～一〇一七年	❖『往生要集』
第七祖	源空	一一三三年～一二一二年	❖『選択本願念仏集』

【教相判釈】

難易二道判	自力他力判	聖浄二門判	二蔵二教判	二双四重判
（龍樹）	（曇鸞）	（道綽）	（善導）	（親鸞）

【三選の文（源空）】

聖浄二門判	正雑二行※	正助二業	正定業
“閣”さしおいて	“抛”なげすてて	“傍”かたわらにして	“専”もっぱらにする

※「雑行」の意味
“この正助二行を除きてのほかの自余の諸善をことごとく雑行と名づく、
雑行無量となり、つぶさに述ぶるに遑あらず”
［読誦雑行、観察雑行、礼拝雑行、称名雑行、讃嘆供養雑行］

『顕浄土真実教行信証文類』【教行信証】の骨子

教　巻	「教」とは『仏説無量寿経』【大経】を意味する 『大経』は第十七願に応じて説かれた経
行　巻	真実教【大経】にあらわされている本願の名号を正定業《しょうじょうごう》として示されたのが「行巻」である 「行」とは「称名」(念仏)のことであり、第十七願に誓われている
信　巻	「信」とは第十八願における「至《し》心《しん》信楽《しんぎょう》欲《よく》生《しょう》」、中でも「信楽《しんぎょう》」(無《む》碍《げ》の他力信心)のことで、真実報土に赴く涅槃の悟りを開く因となる。これを信心正因という
証　巻	「証」とは「悟り」のことであり、第十一願に誓われている 「行」と「信」が因となって仏果としてあらわれることを「証」(悟り)という
真仏土巻	「証果」のあらわれる境界(境地)が「真仏土」である 光明無量・寿命無量(第十二願・第十三願)の大《だい》般《はつ》涅《ね》槃《はん》(完全なる悟りの境地)の世界である
化身土巻	「化身土巻」で「権《ごん》仮《け》」の教えと「邪《じゃ》偽《ぎ》」の教えが説かれる 「権仮」の教えとは、聖道門(自力門)と浄土門(他力門)のうちの方便教である 要門(第十九願の教え、自力諸行往生の教え)・真門(第二十願の教え、自力念仏往生の教え)の教えのことである また、「邪偽」の教えとは仏教以外の外道の教えのことである

親鸞聖人は、第十八願に誓われている行(十念)、信(至心信楽欲生)、証(悟り、衆生の往生)、真仏土(他力念仏の行者が往生する浄土)の夫々に第十七願、第十八願、第十一願、第十二願・第十三願を配置された。この五願が真実五願といわれ、『教行信証』の骨格をなしている。

親鸞聖人の教えの基本構造　～総括図～

三《さん》願《がん》連《れん》携《けい》

三願転入 （三願真仮）	・**第十八願** ・**第十九願** ・**第二十願**	第十九願（自力諸行往生 要門）、第二十願（自力念仏往生 真門）の方便の教えを経て、第十八願（他力念仏往生 弘願）の真実の教えに導かれる
三願的証 （的取三願）	・**第十八願** ・**第十一願** ・**第二十二願**	第十八願力によって往生すれば、第十一願力によって正定聚に住せしめられ第二十二願力によって一生補処に至らしめられる 衆生の往生成仏の因果からいえば四十八願はこの三願に帰結する
四法三願		教行信証の四法と第十七願、第十八願、第十一願との関係を明らかにする
真実五願		教行信証の各巻及び真仏土巻の五巻と第十七願、第十八願、第十一願及び第十二願、第十三願の五願との関係を明らかにする

二種回向	・**往相回向**　**『教行信証』行巻**（第十七願） ・**還相回向**　**『教行信証』証巻**（第二十二願） …第十一願と第二十二願から構成されている

第十八願	・**唯除五逆誹謗正法** 八番問答（『論註』）と抑止門（『観経疏』）

悪人正機 『歎《たん》異《に》抄《しょう》』第三条 『教行信証』信巻	阿弥陀仏の本願による救いは自らの力で迷いを離れることのできない者（悪人）のためにある

あとがき

拙著『法話曼荼羅』を上梓して早や2年半の歳月が過ぎました。この間、いろんな方からご意見ご感想を頂きました。それらのご意見ご感想を総合的に勘案してみました結果、親鸞聖人の教えの根幹部分をもう少し体系的に纏めることが必要ではないかという思いに至りました。いつしか、親鸞聖人の教えの本質・構造について改めて考え直してみたいと、日々頭の中を巡らせるようになりました。渾然一体のバラバラのパーツが漸く一つの体系に纏まってきた図が「親鸞聖人の教えの基本構造」でした（総括図の頁をご参照ください）。それは、「はじめに」の中にも触れておりますように4つの構造から成り立っています。一つは「七高僧の教え」、二つ目は「六三法門」、三つ目は「三願連携」、最後に「『顕浄土真実教行証文類』を読み解く」でした。この4つの構造は相互に関連し合っていますが、聖人の教えはこの4つの構造の中にある、この4つの構造に支えられている、と考えるとすんなり整理できると思いました。

聖人が90年の生涯をかけて紡がれたもの、それが、第十八願に誓われている行（十念）、信（至心信楽欲生）、証（悟り、衆生の往生）、真仏土（他力念仏の行者が往生する浄土）と行・信・証・真仏土のそれぞれに配置された真実五願、即ち「行」は第十七願（諸仏称名の願）、「信」は十八願（至心信楽の願）、「証」は第十一願（必至滅度の願）、「真仏土」は第十二願（光明無量の願）と第十三願（寿命無量の願）の誓願であり、更に、これが「無義《むぎ》の義《ぎ》」、「自然法爾《じねんほうに》」に帰結した、と考えられます。

「木を見て森を見ず」という諺《ことわざ》があります。「細かい点にこだわって、大きく全体を捉えられない」という意味ですが、また、一方で「神は細部に宿る」ともいわれます。「細かい点に妥協せずこだわってこそ優れた作品が生まれる」という意味です。「木を見て森を見ず」にこだわりすぎると細部がおろそかになり、「神は細部に宿る」にこだわりすぎると、全体の視点がおろそかになりかねません。

本書は親鸞聖人の教えの基本構造を明らかにして、教えの本質を把握したいという思いで書き綴りましたが意図通りのものになっているかどうか、読者の判断にお任せするしかありません。ただ、「森」と「細部」と、どちらに重点が置かれているかといえば、全体像の「森」に重点が置かれているといえると思います。

フランスの哲学者 ジル・ドゥルーズ（1925～1995）はその主著『差異と反復』、同じくフランスの哲学者・精神分析家 フェリックス・ガタリ（1930～1992）との共著『千のプラトー』の中で〝時間的差異〟〝絶え間ない流動〟〝生成変化〟といった概念を用いて、「プロセスは常に途中である」「あらゆる事物は異なる状態になる途中にある」と指摘していますが、本書の内容もまた、生成変化の過程の中にあります。不十分な点はご容赦頂ければ幸いです。

最後に一言申し添えます。本書は第一義的には門徒の、門徒による、門徒のための、親鸞聖人の教えの解説書であると考えていますが、同時に、万人のための親鸞聖人の教えの啓発書でもあることを密かに願っています。

本書の出版に当たっては、一文を寄稿していただいた品秀寺《ほんしゅうじ》住職 柳父正道様、出版を快く引き受けていただき尚且つ文の構成に様々な示唆をいただいた溪水社 木村斉子《ときこ》様、また、何くれとなく側面からご協力いただいた品秀寺仏教壮年会会長 土井長勉様に深く感謝の意を表しますと共に、執筆に専念できるよう終始傍らで支えてくれた家内 邦子に心から感謝したいと思います。

朝夕小鳥の囀りが聞こえ、温暖な日には庭にシオカラが飛びアゲハが舞う、空気清らかで緑豊かな山々に囲まれた畑賀の地に育まれてきたことの幸せを深く感じながら、窓外に蓮華寺山を望む一室にて筆を擱《お》きます。

主要参考文献

『浄土真宗聖典（註釈版）』本願寺出版部、昭和63年

『浄土真宗聖典 七祖篇（註釈版）』本願寺出版社、２０１１年

『浄土真宗辞典』本願寺出版社、２０１４年

『教行信証』金子大栄校訂、岩波文庫、２０１１年

『親鸞聖人の教え』編集勧学寮、本願寺出版社、２０１８年

『親鸞と浄土真宗』山折哲雄監修、光文社 知恵の森文庫、２０１９年

『歎異抄』金子大栄校注、岩波文庫、２０１７年

『聖典セミナー 歎異抄』梯 實圓、本願寺出版社、２０１５年

『歎異抄』釈 徹宗、ＮＨＫ出版、２０１６年

『歎異抄にであう』阿満利麿、ＮＨＫ出版、２０２２年

『岩波 仏教辞典第二版』岩波書店、２０１０年

『仏事勤行聖典』百華苑、昭和63年

『南無阿弥陀仏』柳宗悦、岩波文庫、1993年
『日本仏教史』末木文美士、新潮文庫、平成8年
『日本的霊性』鈴木大拙、岩波文庫、2019年
『法話曼荼羅』末田 紘、ユニバーサルポスト、2021年
『現代思想入門』千葉雅也、講談社現代新書、2022年
『千のプラトー』ジル・ドゥルーズ、フェリックス・ガタリ、(訳者)宇野邦一以下6名、河出書房新社、1998年
『差異と反復』(上・下)ジル・ドゥルーズ、(訳者)財津理、河出文庫、2023年

著者略歴

末田　紘（すえだ　ひろし）

1939年広島市生まれ

1962年 広島大学政経学部卒、同年 東洋工業㈱（現マツダ㈱）入社、その後、㈱北九州マツダ常務取締役、

広島経済大学経済学部 兼任講師、広島大学工学部 兼任講師、

広島大学総合科学部 兼任講師、

広島国際大学医療福祉学部 教授、

広島国際大学大学院総合人間科学研究科 教授等を歴任、

現在、浄土真宗本願寺派 品秀寺《ほんしゅうじ》（安芸区畑賀）総代長

主な著書・論文：

『現代ボランティア論』共著（広島大学生涯学習推進委員会）

『生涯学習論の新展開』共著、『まちづくり曼荼羅』共著（以上共に大学教育出版）

『法話曼荼羅』単著、『我が半生の記』単著（以上共にユニバーサルポスト）

「社会貢献論への誘い」、「経営戦略論への誘い」、「生涯学習論への誘い」（以上いずれもテキスト）、

「社会の活性化とフィランソロピー」単著、「企業の経営戦略と社会的責任」単著、「ネットワーク組織論の今日的展開」単著、「愛とその形態について－ボランティアリズムの深層に関する一考察－」単著、「満濃池の築造と修復に見るフィランソロピーに関する一試論」単著、「江戸期におけるフィランソロピーの萌芽に関する考察」単著（以上いずれも「教育学研究紀要」）、他

親鸞聖人の教え
～その基本構造について～

令和6年3月20日　初版第一刷　発行
著　者　末田　紘
発行所　株式会社　溪水社
広島市中区小町1-4（〒730-0041）
電話 082-246-7909　FAX　082-246-7876
e-mail: contact@keisui.co.jp

ISBN978-4-86327-646-8 C1015